TOEIC® L&R TEST
超上級単語特急
暗黒のフレーズ

藤枝暁生

＊L & R means LISTENING AND READING
TOEIC is a registered trademark of Educational Testing Service (ETS).
This publication is not endorsed or approved by ETS.

朝日新聞出版

特別協力 ——— 花田徹也

編集協力 ——— 渡邊真理子
　　　　　　　株式会社 Globee
　　　　　　　株式会社 秀文社

録音協力 ——— 英語教育協議会 (ELEC)
　　　　　　　東健一
　　　　　　　Howard Colefield
　　　　　　　Emma Howard
　　　　　　　春田ゆり

もくじ

簡単に自己紹介をさせていただくと、私は2007年3月からTOEIC® L&R TESTを(コロナ抽選時以外)100回以上連続して受験している、自他共に認めるTOEICマニアで、TOEIC研究家です。この先も生きている限りTOEICテストの受験と研究を続けるつもりです。

　本書執筆の経緯について少し触れます。私は独学で990点までたどり着き、その後、独学での経験を活かし、数多くの学習会やセミナーを開催してまいりました。そんな中で受講者から最も多く寄せられた質問や悩みは「どうやって語彙を増やせばよいのでしょうか？」というものでした。

　そこで、TOEIC® L&R TESTに特化した単語本を独自に作れないかと思うに至り、約2年半前から執筆の準備を始め、過去100回以上に亘る受験で得た情報を纏めた「Rabbit Note」をベースとして本書を作り上げました。まさしく多くの学習者の悩みを解決する「TOEIC本番に出る単語集」です。

　本書作成にあたっては、より完璧な内容を目指すべく、累計70万部を超える「TOEIC® TEST文法特急シリーズ」の著者である花田徹也先生の手助けを仰ぎ、甚大なるご協力を賜りました。先生のお力で本書はよりオーセンティックで実践的な学習書に仕上がったと確信しております。この場をお借りして、花田徹也先生に心より御礼申し上げます。

　さて、本書のコンセプトについて詳しくお話させていただきます。本書は、「語彙力増強で読解スピードアップ！ 推測から即時理解へとチェンジ！」を目指しています。

皆様は知らない単語に出会った時にどうしますか？　辞書やインターネットが使えない状況下で、未知の単語、記憶が曖昧な単語に出会った時、それが日本語であれ、英語であれ、自然と、前後の文脈からその未知語の意味を推測して読み進めるのではないでしょうか？　それは正しいアプローチです。しかしながら、その推測を挟むステップが、読解に時間がかかってしまう原因になっているのも事実なのです。

　ご存知の通り TOEIC® L&R TEST は時間に追われる忙しい試験です。未知の単語に出会った時に、ゆっくり時間をかけて推測している余裕はありません。では、どうすれば推測しなくてよいのでしょうか？　そうです。テストに出てくる単語を予め知っていて待ち構えていればよいのです。

　しかし、そうは言っても、どんな単語をどれだけ覚えればよいのか分からない。そうですよね？　だから、私がそれを用意しました。見出し語1,000個と、それに付随する派生語や関連語。TOEIC 本番に出る語彙ばかりです。

　見出し語のラインナップは、4,000語以上ある「Rabbit Note」から600点レベルの学習者が知っていると思われる基本的な易しい単語を思い切ってそぎ落とし、実際にテストに出る難しめの単語だけ厳選しました。

　本書は「超上級単語特急　暗黒のフレーズ」という名称になっていますが、前作の「上級単語特急 黒のフレーズ」と同様、600点レベルの学習者から990点狙いの学習者まで幅広く想定しています。何故、この広いスコアレンジを対象とできるのかについては、後述の「本書の使い方」をご覧ください。ご理解いただける筈です。

難しい単語を覚えるのは大変そうですが、実際はそれほどでもありません。何故なら難単語は、比較的多義語が少ないからです。日英対訳の1対1で覚えれば使える単語が多いため、覚える手間は少なくてすみます。見慣れていない分、馴染むのに少し時間がかかるだけです。

　確かに、覚えにくい単語もありますが、工夫を凝らしています。出会う回数を増やすことで長期記憶として定着するよう、見出し語が時折、他の見出し語のフレーズの中にも登場するように意図的に仕込んでいます。また、コメント欄にも登場するように意図的に組み入れています。是非、単語との再会を楽しみながら覚えていってください。

　最後に、本書最大の特徴をお伝えしておきます。それは、TOEIC未来語の収録です。これまで世に出ているTOEICの単語集は、過去のテストに出題された単語や公式問題集に出題された単語を主に収録しています。本書では、1,000個の見出し語のうち100個は、おそらく過去のTOEICには出題されていない単語を収録しています。

　13年間に亘ってTOEIC L&R公開テストとIPテストを200回以上受験し続けてきた筆者が、これまでのTOEICの出題傾向とその変遷、扱われやすいトピックなどから独自の分析を行い、TOEICの未来語を大胆に予測し、その中から100個を厳選して収録しました。本書最大の特徴です。出題された単語の後追いではなく、一歩先回りして待ち構えましょう。

藤枝 暁生

見開きの2ページにはそれぞれ10個の見出し語が並んでいます。幅広いスコアレンジの学習者に取り組んでいただくために、本書では過去の単語本にはない斬新な仕掛けがしてあります。

　これまでの単語本の多くは、前のページから後ろのページに進むにしたがって難しい単語が並ぶ章立てになっていますね。第1章が600点レベル、第2章が700点レベルという体裁です。本書ではそのような章立てにしていません。Round 1 から Round 5 までの各章に難易度の差はありません。Round 1 からいきなり鬼単語が登場します。。

　本書では、各ページに全ての難易度の単語が収録されています。ページの上1個目から3個目がAランクの単語、4個目と5個目がBランクの単語、6個目と7個目がCランクの単語、8個目から10個目がSランクの単語を配置しました。それぞれのランクのイメージは以下の通りです。

Ａランク：600点から800点レベルの「やや難」単語

Ｂランク：800点から900点レベルの「難」単語

Ｃランク：900点から950点レベルの「超難」単語

Ｓランク：950点から990点レベルの「鬼難」単語

　単語力に自信のない方は、先ず見開きの各ページの上から3つまでを学習し、その下は一旦、飛ばして次のページに進んでください。上から3つまでで結構です。その勢いでとにかく最後のページまで走ってください。単語本でも文法本

Aランク / Bランク / Cランク / Sランク

	例文	見出し語・発音	語義
001	英語学習にもっと積極的になる be more a------- in learning English	aggressive [əgrésiv]	形 積極的な、攻撃的な
002	外国の文化を受け入れる e------- a foreign culture	embrace [imbréis, em-]	動 ~を受け入れる、受諾する
003	週二回在宅勤務をする t------- twice a week	telecommute [téləkəmjùːt]	動 在宅勤務をする
004	不愉快な経験をする face a d------- experience	disagreeable [dìsəgríːəbl]	形 不愉快な、楽しくない
005	ホテルのラウンジを改装する r------- a hotel lounge	refurbish [riːfɜ́ːrbiʃ]	動 ~を改装する、一新する
006	ステイホームは 2020 年の流行語だ。 Stay Home is the b------- of 2020.	buzzword [bʌ́zwəːrd]	名 流行語、業界用語
007	有望な起業家 an u------- entrepreneur	up-and-coming [ʌ́pənkʌ́miŋ]	形 有望な、新興の
008	善悪を区別する d------- between right and wrong	discriminate [diskrímənèit]	動 (~を)区別する、識別する
009	新戦略を明確に述べる e------- a new strategy	enunciate [inʌ́nsièit]	動 ~を明確に述べる
010	カナダ原産である be i------- to Canada	indigenous [indídʒənəs]	形 原産の、固有の

でも、歴史の本でも、とにかく一旦、最後のページまでたどり着くことが大事なのです。それで一旦、終わったことになります。

　これが終わったら、次は1個目から5個目までの単語を覚えていってください。それが終わったら、今度は1個目から7個目までの単語を覚えていってください。最後に、1個目から10個目までの単語全部を覚えていってください。勿論、自信のある方はいきなり10個目まで目を通していっていただいて結構です。

　他のやり方も勿論ありです。あまり単語力に自信がない方でも、いきなり10個全てに目を通していく方法です。単語と

学習者の間には、理屈を超えた相性というものがあります。一度チラッと見ただけなのに覚えられる単語もあれば、何度見ても意味があやふやな単語もあるわけです。チラ見で覚えられる単語は、たとえSランクの単語でも先に覚えてしまいましょう。

　本書で使われている記号は以下の通りです。

動：動詞	**名**：名詞	**形**：形容詞	**副**：副詞
前：前置詞	**接**：接続詞	※記号の色はグレーの場合があります	
類：類義語	**同**：同義語	**反**：反意語	**関**：関連語
例：用例			

　本書は一見すると、上級者向けの、上級者のためだけの単語本だと思われるかもしれませんが、それは違います。知らない単語が多いということは、それだけ伸びしろがあることを示しています。本書は、初中級者が上級者との差を詰める絶好のチャンスを提供しています。

　多読や精読から語彙を増やしていくアプローチもありますが、本書のような単語本を使って単語そのものから集中的に語彙を習得していくアプローチもあってよいのです。

　さあ、語彙習得の旅の扉を開いてください！　本書を使って、無駄なく無理なく一直線に目標スコアを奪取しましょう！

本書の全ての見出語とそのフレーズは、TOEIC® L&R TEST の本番と同様のスピードで、プロのナレーターにより朗読されています。男性は米国の Howard Colefield さん、女性は英国の Emma Howard さんです。

　音声データ（mp3 データ）は、お手持ちのパソコンにより、朝日新聞出版の HP から無料でダウンロードできます。

https://publications.asahi.com/toeic/

Google などの検索エンジンで

朝日新聞出版　L&R 暗黒のフレーズ

と入力して検索してください。

　そのデータを、スマートフォンなどでお聴きになる場合は、iTunes などのメディアプレーヤーに音声データ（mp3 データ）を取り込み、同期してください。

　また、スマートフォンアプリで音声をお聴きになる場合は、次ページの案内をご覧ください。

　音声は、各フレーズについて「見出し語→日本語→英語フレーズ→英語フレーズ」の順で収録されています。また、英語のみをお聴きできる「見出し語→英語フレーズ→英語フレーズ」のファイルも用意しております。ぜひご活用ください。

スマートフォンで音声を聴く場合

AI英語教材アプリ
abceed（音声無料）

Android・iPhone 対応

スマートフォン
で簡単に
再生できます

再生スピードを
変えることが
できます

＊ご使用の際は、スマートフォンにダウンロードしてください
＊ abceed 内には本書の有料アプリ版もあります
＊ abceed premium は有料 です
　使い方は、www.globeejapan.com でご確認ください

https://www.globeejapan.com/

Round 1

001 — 200

◀1 — ◀2

001
英語学習にもっと積極的になる
be more a-------- in learning English

002
外国の文化を受け入れる
e-------- a foreign culture

003
週二回在宅勤務をする
t-------- twice a week

004
不愉快な経験をする
face a d-------- experience

005
ホテルのラウンジを改装する
r-------- a hotel lounge

006
ステイホームは2020年の流行語だ。
Stay Home is the b-------- of 2020.

007
有望な起業家
an u-------- entrepreneur

008
善悪を区別する
d-------- between right and wrong

009
新戦略を明確に述べる
e-------- a new strategy

010
カナダ原産である
be i-------- to Canada

aggressive [əgrésiv] 形 積極的な、攻撃的な	😊 楽しみながら、もっと積極的に英語を学ぼう！ そうすれば必ず目標スコアは奪取できる！
embrace [imbréis, em-] 動 ～を受け入れる、受諾する	😊 「抱擁する」という意味もあるが、TOEIC界では誰も抱擁しない
telecommute [téləkəmjù:t] 動 在宅勤務をする	❌ 在宅勤務の仕事をteleworkという 例 encourage telework「在宅勤務を推奨する」
disagreeable [dìsəgrí:əbl] 形 不愉快な、楽しくない	❌ 人にもつく 例 a disagreeable clerk「不愉快な店員」 動 disagree「意見が異なる、同意しない」
refurbish [rì:fə́ːrbiʃ] 動 ～を改装する、一新する	類 renovate, remodel, revamp 名 refurbishment「改装、改修」
buzzword [bʌ́zwə̀ːrd] 名 流行語、業界用語	😊 毎年、TOEICに関する流行語を募集し、流行語大賞を発表しているブロガーがいるらしい
up-and-coming [λpənkλmiŋ] 形 有望な、新興の	例 up-and-coming countries「新興国」 類 promising
discriminate [diskrímənèit] 動 区別する、識別する	❌ 「差別する」という意味もあるがTOEICには出ない 類 differentiate, distinguish, tell, discern 形 discriminating「識別力のある、際立った」
enunciate [inʌ́nsièit] 動 ～を明確に述べる	❌ 明瞭に発音するという意味もある 例 enunciate every word「1語1語はっきりと発音する」
indigenous [indídʒənəs] 形 原産の、固有の	😊 ついにこの難語がTOEICに出た！ 副 indigenously「生まれつき、生来」 類 native

15

011

経済成長を加速させる

a-------- economic growth

012

説明用の図表を作る

make an explanatory d-------

013

就任演説をする

make an i------- address

014

責任を持つ

b------- responsibility

015

幸運の象徴

an e------- of good luck

016

説明用の小冊子を配布する

circulate d------- brochures

017

他人を尊重する

e------- others

018

来る合併についてほのめかす

a------- to the upcoming merger

019

伝染病を予防する

prevent a c------- disease

020

ドローンの使用を普及させる

d------- the use of drones

accelerate [æksélərèit, ək-] 動 〜を加速させる	◈自動車のアクセルを踏み込む感じ 反 decelerate「〜を減速させる、遅らせる」
diagram [dáiəgræm] 名 図表、略図	例 The diagram illustrates that SV 「図表はSがVすることを説明するものだ」
inaugural [inɔ́ːgjurəl] 形 就任の、開会の、初の	例 an inaugural issue「初の号→創刊号」 動 inaugurate「〜開設する、開始させる、就任させる」
bear [béər] 動 〜を持つ、有する、耐える	◈「bear-bore-borne(もしくは born)」と「A-B-C型」に不規則変化する
emblem [émbləm] 名 象徴、標章、文様	例 a company's emblem「会社の社章」 ◈自動車のエンブレムなど日本語としても定着している 類 symbol, representation
descriptive [diskríptiv] 形 説明用の、記述的な	◈be descriptive of〜「〜を説明している」 名 description「描写、説明」 動 describe「〜を描写する、説明する」
esteem [istíːm] 動 〜を尊重する	◈敬称を表す場合にも使われる 例 your esteemed company「貴社」 類 respect, admire
allude [əlúːd] 動 ほのめかす、示唆する	◈自動詞であることに注意！ 名 allusion「ほのめかし、間接的な言及」 形 allusive「暗示した、間接的に言及する」
contagious [kəntéidʒəs] 形 伝染する、(接触)伝染性の	類 infectious「(空気などを媒体とする)間接伝染性の」 名 contagion「伝染、伝搬、悪影響」
diffuse [difjúːz] 動 〜を普及させる、拡散する	◈自動詞扱いもする 例 diffuse throughout the country「国中に普及する」 名 diffusion「普及、拡散」

021

成長著しい会社

a b-------- company

022

最終目的地

the final d--------

023

危険にさらされている

be in j--------

024

全く異なる領域

an entirely different d--------

025

慈善活動に従事したい衝動を持つ

have charitable i--------s

026

人口の30%を構成する

c-------- 30% of the population

027

再感染に対して免疫がある

be i-------- to reinfection

028

生まれつき外交的な人

a natural e--------

029

更なる勢いを与える

provide further i--------

030

魅惑的なシーンを含んでいる

contain a m-------- scene

booming [búːmiŋ] 形 成長著しい、好景気の	名 動 boom「急成長、急上昇」「人気が出る、景気づく」
destination [dèstənéiʃən] 名 目的地、行先、宛先	例 a popular tourist destination「人気のある旅行の行先 (観光地)」 arrive at the wrong destination「間違った宛先に届く」
jeopardy [dʒépərdi] 名 危険、危機	✖ in jeopardy「危険にさらされて」 = in danger, at stake
domain [dəméin] 名 領域、分野	😺 PC用語にもなっている「ドメイン」や「領地、領土」の意味もある
impulse [ímpʌls] 名 衝動、衝撃、誘発要因	形 impulsive「衝動的な、衝撃的な」 例 impulsive decisions「衝動的な決断」
constitute [kánstətjùːt | kɔ́nstitjùːt] 動 ～を構成する、制定する、任命する	名 constitution「構成、組織、構造、性質、設立、制定、憲法」 ✖ 動詞も名詞も多義語である
immune [imjúːn] 形 免疫がある、影響を受けない	例 be immune to criticism「批判に対して影響を受けない」→「批判に動じない」
extrovert [ékstrəvə̀ːrt] 名 外交的な人	形「外交的な」= extroverted 反 introvert「内向的な人」 形「内向的な」= introverted
impetus [ímpətəs] 名 勢い、弾み、刺激	✖ 不可算名詞であることに注意 形 impetuous「衝動的な、激しい」
mesmerizing [mézməràiziŋ] 形 魅惑的な、魅了させる	✖ mesmerism「催眠術」からの派生語 関 mesmerized「魅了された」 類 captivating, fascinating

| 031 | 新しい時代を創始する |
| | initiate a new e-------- |

| 032 | 著名な歴史的建造物を訪れる |
| | visit prestigious l-------s |

| 033 | 少し違った観点から |
| | from a slightly different p-------- |

| 034 | オレンジからジュースを抽出する |
| | e-------- juice from oranges |

| 035 | 大理石の床 |
| | m-------- floors |

| 036 | 情報に基づいた決断 |
| | an i-------- decision |

| 037 | 子孫に伝えられる |
| | be passed on to o-------- |

| 038 | 自然の破壊を嘆く |
| | l-------- the destruction of nature |

| 039 | 絵画に対する強い好みを示す |
| | reveal a p-------- for painting |

| 040 | 費用を計算する |
| | r-------- the expense |

era [íərei, érə | íərə] 名 時代、年代	例 the Tokugawa era「徳川時代」 the Victorian era「ビクトリア時代」 ✖ 芸術品などの紹介記事によく出る
landmark [lǽndmὰːrk] 名 歴史的建造物、目印	✖「ランドマーク」というカタカナ語で日本語としても定着している
perspective [pərspéktiv] 名 観点、見通し	✖ prospective「有望な、将来の」と綴りが似ているので混同しないこと 類 viewpoint, standpoint
extract 動 [ikstrǽkt] 名 [ékstrækt] 動 〜を抽出する	名「引用、抜粋」も重要 例 extracts from Shakespeare「シェークスピアからの抜粋」
marble [mάːrbl] 名 大理石	形「大理石の」 ✖ 高級ホテルのロビーなどの描写に使われる
informed [infɔ́ːrmd] 形 情報に基づいた、博識な	例 an informed consumer「博識な消費者」 keep 人 informed「(人に) 情報を提供し続ける」
offspring [ɔ́ːfspriŋ | ɔ́f-] 名 子孫、子、成果	✖ 複数扱いの名詞であることに注意 類 children, descendants
lament [ləmént] 動 〜を嘆く、残念に思う	✖ lament that SV「SがVだと嘆く」 名「悲しみ、悲嘆、哀歌」
penchant [péntʃənt] 名 強い好み、嗜好、傾向	✖ フランス語由来の言葉 類 preference, fondness, inclination
reckon [rékən] 動 〜を計算する、と考える、見做す	✖ reckon that SV「SがVであると考える」 reckon A as B「AをBと見做す」

041
少なくとも10年間
for at least a d--------

042
フォーカスグループを立ち上げる
set up a f-------- g--------

043
基調演説を行う
give a k-------- address

044
競争相手に遅れる
l-------- behind competitors

045
原始的な思想や習慣
p-------- ideas and habits

046
興味深い逆説を提示する
pose a curious p--------

047
情報技術に大変革をもたらす
r-------- information technology

048
非常勤の教授
an a-------- professor

049
参加者の数を制限する
c-------- the number of attendees

050
お粗末な顧客サービスで悪名高い
be n-------- for poor customer service

decade [dékeid, dikéid] **名** 10年	例 a decade of upheaval「激動の10年」 ●ten yearsとの言い換えは定番中の定番
focus group [fóukəs grú:p] **名** フォーカスグループ	🙂 市場調査のために組織されるグループをいう
keynote [ki:nòut] **名** 基調、基本	例 a keynote speaker「基調演説者」 ●「基調」は、主眼や骨子と考えればよい
lag [læg] **動** 遅れる	例 lag behind schedule「スケジュールに遅れる」 **名**「遅延、遅れること」 jet lag は時差ボケ
primitive [prímətiv] **形** 原始的な、未開発の	例 primitive tools「原子的な道具」 a primitive country「未開発の国」 **反** advanced「進化した」 modern「現代的な」
paradox [pǽrədàks ǀ -dɔ̀ks] **名** 逆説、矛盾	●paragon「手本、模範」とスペルが似ているので注意
revolutionize [rèvəlú:ʃənàiz] **動** ～に大変革をもたらす	🙂 単に変革、改革するのではなく「大きく」変えること **類** drastically change, drastically alter, transform
adjunct [ǽdʒʌŋkt] **形** 非常勤の、補助的な	**名**「助手、補佐役、非常勤講師、付属物」 ●発音注意！ 第一音節にアクセントあり、アージャンクト！
cap [kǽp] **動** ～を制限する、～の上限を定める	●多品詞・多義語だが、この意味で article に頻出する **名**「頂上、頂点」
notorious [noutɔ́:riəs] **形** 悪名高い、有名な	●どちらかと言えば良い意味では使われない。 **類** infamous

051
注意力の欠如
a lack of a--------

052
他に負けない価格で売る
sell at a c-------- price

053
高速道路の建設
construction of an e--------

054
最終的な決断を促す
p-------- a final decision

055
何事についても懐疑的である
be s-------- of everything

056
注文の未処理分を抱えている
have a b-------- of orders

057
苦情を申し立てる
l-------- a complaint

058
結果から原因を推論する
d-------- causes from effects

059
夢中にさせる本
an e-------- book

060
生まれながらの音楽的才能
an i-------- musical talent

attentiveness [əténtivnis] 名 注意力、気配り	形 attentive「注意深い、思いやりのある」 関 attention「注意、注目、配慮」 例 pay attention to〜「〜に注意を払う」
competitive [kəmpétətiv] 形 他に負けない、優位性のある	例 pay a competitive salary「他社に負けない (高い) 給料を払う」 ◆ フレーズ訳は「他に負けない (安い) 価格」
expressway [ikspréswèi] 名 高速道路	◆highwayは「幹線道路、主要道路」であって高速道路ではない
prompt [prámpt｜prómpt] 動 〜を促す、引き起こす	◆prompt 人 to do「人に〜するよう促す」 という表現も覚えておきたい 形「即座の、素早い」
skeptical [sképtikəl] 形 懐疑的な	◆be skeptical that SV「S が V すること に懐疑的だ」の形も重要 名 skepticism「懐疑的な態度」
backlog [bǽklɔ̀ːg｜-lɔ̀g] 名 未処理分、在庫	◆back-order は在庫ではなく、「取り寄せ 注文、入荷待ち」のこと
lodge [ládʒ｜lɔ́dʒ] 動 〜を申し立てる	◆勿論、名詞では「ロッジ、バンガロー、山 荘」の意味もあり、自動詞では「宿泊する」 の意味もある
deduce [didʒúːs｜-djúːs] 動 〜を推論する、推定する	◆deduce that SV「S が V すると推論する」 の形もとる
engrossing [ingróusiŋ] 形 夢中にさせる、面白い	動 engross「〜を夢中にさせる、没頭させ る」 関 engrossed「没頭している」
innate [inéit] 形 生まれながらの、先天的な	副 innately「生まれつき」 類 inborn, inherent, natural

061

有名人作家

a c------- author

062

単独でもチームでも働ける

work i------- or on a team

063

自動車を整備する

o------- a car

064

集団を形成する

form a c-------

065

世界的に流行する病気に直面する

face p------- diseases

066

満場一致の票決

a u------- vote

067

次に何が起こるかを思い描く

v------- what happens next

068

時流に乗る

climb on the b-------

069

根拠のない主張を退ける

deny g------- allegations

070

文化の境界を超える

t------- cultural boundaries

celebrity [səlébrəti] 名 有名人、名声	😊 日本語の「セレブ」は「お金持ち」の意味もあるが、英語のcelebrityにその意味はない
independently [indipéndəntli] 副 単独で、独立して	😊 TOEIC界の求人広告は、一人でも、誰かと協同でも働ける人を募集している
overhaul [動 òuvərhɔ́ːl] [名 óuvərhɔ̀ːl] 動 〜を整備する、総点検する	名「全面見直し、総点検」 例 undertake a overhaul「全面的な見直しを行う」
cluster [klʌ́stər] 名 集団、群れ	例 in a cluster「ひとかたまりになって」 in clusters「幾つもの群れを成して」
pandemic [pændémik] 形 世界的に流行する	名「パンデミック、全世界に跨って流行する大伝染病」
unanimous [juːnǽnəməs] 形 満場一致の、全会一致の	🔷 be unanimous in doing「〜することに全会一致だ」　be unanimous that SV「SがVすることに満場一致だ」の形も重要
visualize [víʒuəlàiz] 動 〜を思い描く、視覚化する	例 visualize any potential problems「起こり得る問題を視覚化する」
bandwagon [bǽndwæ̀gən] 名 時流、流行、傾向	😊 元々の意味は、パレードの先頭を走る楽隊車をいう。TOEIC界でも時流に上手く乗った企業が成功する
groundless [gráundlis] 形 根拠のない	反 well-founded「正当な理由に基づいた」 関 ground「理由、根拠」
transcend [trænsénd] 動 〜を超える、しのぐ	形 transcendent「並外れた、卓越した」 名 transcendence「超越、卓越」

071	熊本城の改修作業が始まった。 Renovation work on Kumamoto Castle c-------d.
072	実地訓練 h-------- training
073	困難にもかかわらず成功する succeed n-------- difficulties
074	技術の最先端で at the f-------- of technology
075	避難するよう全住人に義務づける o-------- all residents to evacuate
076	若者の間で流行している be p-------- among young people
077	おそらく彼は無実だ。 He is s-------- innocent.
078	塩を調味料として使う use some salt as a c--------
079	書道に優れた人 a calligraphy l--------
080	洗練された態度 an u-------- manner

commence [kəméns] **動** 始まる、開始する	🐾「～を開始する」という他動詞用法もあるが、何故かTOEICでは自動詞用法が多い
hands-on [hǽndzán | -ɔ́n] **形** 実地の、実践的な	例 teach a hands-on technique「実践的な技法を教える」
notwithstanding [nὰtwiðstǽndiŋ | nɔ̀twiθ-] **前** ～にもかかわらず	🐾 接続詞、副詞の用法もあるが、TOEICには出ない 類 despite, in spite of
forefront [fɔ́ːrfrλnt] **名** 最先端、第一線、先頭	例 at the forefront of the campaign「その運動の先頭に立って」 類 cutting edge, front line
oblige [əbláidʒ] **動** ～に義務づける、強いる	🔸be much obliged to 人「人にとても感謝している」という表現もある
prevalent [prévələnt] **形** 流行している、普及している	名 prevalence「流行、普及、蔓延」 動 prevail「普及する、流行する、優勢である」
supposedly [səpóuzidli] **副** おそらく、一般的な考えでは	🔸be supposed to do「～するものと考えられている、～するはずだ」
condiment [kúndəmənt | kɔ́n-] **名** 調味料、薬味	🔸食材に味付けするものなら、液状のものでも粉状のものでもcondimentでOK!
luminary [lúːmənèri | -nəri] **名** 優れた人、著名人	🐾 a TOEIC luminary「TOEICの巨匠」それは誰だ? あの人かな?
urbane [əːrbéin] **形** 洗練された、上品な、都会風の	🔸都会的であか抜けしたイメージ。urban「都会の」と区別して覚えること

081
諸経費を計算する

c-------- expenses

082
連載の1回目

the first i------- in a series

083
午前9時ちょうどに

p-------- at 9 A.M.

084
偶然の出来事

a c-------- event

085
温室栽培

cultivation in a g--------

086
大学で哲学を専攻する

major in p-------- at university

087
英語では誰にも負けない

be s-------- t-------- n-------- in English

088
魅惑的な笑顔

a b-------- smile

089
問題の所在を説明する

e-------- what the problems are

090
議論の範囲を定める

establish p--------s for a discussion

calculate [kǽlkjulèit] 動 〜を計算する	類 figure, reckon 名 calculation「計算」
installment [instɔ́:lmənt] 名 (複数のうちの)1回目、1回分	例 pay in installments「分割で支払う」 ⚠「取付け、設置」の意味もある
precisely [prisáisli] 副 ちょうどに、正確に	⚠ フレーズの類似表現「promptly (exactly) at 9 A.M.」または「at 9 A.M. sharp」 形 precise「正確な」
casual [kǽʒuəl] 形 偶然の、時々の、形式ばらない	例 a casual reader「時々読書する人」 a casual meeting「形式ばらない会議」
greenhouse [grí:nhàus] 名 温室	⚠ 緑色の家ではない。greenhouse gas は「温室効果ガス」
philosophy [filásəfi |-lɔ́s-] 名 哲学、人生観、信条	⚠ 可算名詞・不可算名詞の両方あり 例 company philosophy「企業哲学」 an optimistic philosophy「楽観的な人生観」
second to none [sékənd tu nán] 形 誰にも負けない、何にも劣らない	⚠ フレーズは、be the best in English, be better than anyone else in English と同じ意味
bewitching [biwítʃiŋ] 形 魅惑的な、魅了する	動 bewitch「〜を魅了する」 関 witch「魔女、魔法」
elucidate [ilú:sədèit] 動 〜を説明する、解明する	名 elucidation「説明、解明」 例 require further elucidation「さらなる解明を必要とする」
parameter [pərǽmətər] 名 範囲、要因、限界	例 the parameters that determine success「成功を決定づける要因」 ⚠ 通常、複数形で使われる

091

収益は慈善団体に寄付される。

P------- go toward a charitable organization.

092

特に新入社員を対象としている

be s------- geared toward recruits

093

送料と手数料を免除する

w------- shipping and handling fees

094

心地よい滞在を楽しむ

enjoy a p------- stay

095

外見が熊に似ている

r------- bears in appearance

096

社会一般の認識では

in the common p-------

097

一番下のきょうだい

the youngest s-------

098

重要性を強調する

a------- the significance

099

花で部屋を飾る

e------- a room with flowers

100

給与の特別な増額

a special i------- in salary

---

proceeds [proʊsi:dz/prəʊ-] **名** 収益、利益、売上げ	⊗通常、複数形で使われる **類** earnings, revenue, profit **動** proceed「進む、開始する、発生する」
specifically [spisifikəli] **副** 特に、具体的に、厳密にいえば	**形** specific「特定の、具体的な」 **動** specify「～を明確に述べる」 **名** specification「仕様書、明細」
waive [wéiv] **動** ～を免除する、放棄する	**類** relinquish, renounce, abandon, surrender **名** waiver「権利放棄」
pleasurable [pléʒərəbl] **形** 心地よい、楽しい	**名** pleasure「楽しみ、娯楽」 **類** enjoyable, agreeable, delightful
resemble [rizémbl] **動** ～に似ている	⊗他動詞であることに注意 **類** be similar to, take after **名** resemblance「類似(点)、似ていること」
perception [pərsépʃən] **名** 認識、知覚	**例** perception of color「色覚」 perception of sound「音に対する知覚」
sibling [síbliŋ] **名** きょうだい	😊ここ数年で見掛けるようになった単語。brother「兄弟」やsister「姉妹」と異なり、性別に関係なく使える
accentuate [ækséntʃuèit] **動** ～を強調する、強める	**類** emphasize, stress, highlight, underline, underscore **名** accentuation「強調、力説」
embellish [imbéliʃ] **動** ～を飾る	⊗話や物語を「粉飾する」という意味でも使われる **名** embellishment「装飾、飾り」
increment [ínkrəmənt] **名** 増額、増加、増大	⊗inclement「荒れ模様の」と間違えないこと **例** inclement weather「悪天候」

101

重大な発見

a c------- discovery

102

項目別に分けられた請求書

an i-------d bill

103

四半期毎の報告書を提出する

submit a q------- report

104

情報を体系的に分類する

classify information s-------

105

不確定要素を除去する

remove u------- factors

106

様々な商品を販売する

d------- a variety of goods

107

水力発電所

a h------- plant

108

データを入念に調べる

examine the data m-------

109

成功の絶頂に達する

reach the p------- of success

110

全世界への経済的な影響

economic r-------s worldwide

critical [krítikəl] 形 重大な、批判的な	例 be constantly critical of others「他人に対していつも批判的である」
itemize [áitəmàiz] 動 ～を項目別に分ける、明細を示す	項目別に分けて詳細な明細を作成する、ということ 名 item「項目、品目、品物、事柄」
quarterly [kwɔ́:rtərli] 形 四半期毎の、年4回の	副「四半期毎に、年に4回」 名 動 quarter「4分の1、四半期」「～を4分の1にする、4つ切りにする」
systematically [sistəmǽtikəli] 副 体系的に、組織的に	例 be reorganized systematically「組織的な再編が行われる」
uncertain [ʌnsə́:rtn] 形 不確定な、不明確な	be uncertain as to whether SV「SがVするかどうかについては不明確だ」の表現は、Part 5頻出！
dispense [dispéns] 動 ～を販売する	「～を施す」という意味も 例 dispense advice「助言する」 CDは cash dispenser「現金自動支払機」
hydropower [háidrəpàuər] 名 水力発電	水力、風力、太陽光などのクリーンエネルギーはTOEIC界で人気がある
methodically [məθάdikəli	-ɔ́d-] 副 入念に、きちんと、体系的に	Part 7のarticleで見掛けた難語 形 methodical「整然とした、入念な、几帳面な」
pinnacle [pínəkl] 名 絶頂、頂点	「頂上、峰」の意味もある 類 peak, climax, culmination, zenith
repercussion [ri:pərkʌ́ʃən] 名 影響、反響、余波	どちらかと言うと直接的な影響よりも「間接的な影響」を指す 類 aftermath

| 111 | 新市場を獲得する |
| | c------- a new market |

| 112 | 義務を果たす |
| | fulfill an o------- |

| 113 | 合併案について不安を抱く |
| | have r-------s about the proposed merger |

| 114 | クーポン券を商品と引き換える |
| | r------- a coupon |

| 115 | 冒険的な航海を始める |
| | begin an adventurous v------- |

| 116 | 使節団を送る |
| | send an e------- |

| 117 | 驚くべき偉業を成し遂げる |
| | accomplish a phenomenal f------- |

| 118 | まとまりのある組織 |
| | a c------- organization |

| 119 | 破産を未然に防ぐ |
| | f------- bankruptcy |

| 120 | 論文の概要を提出する |
| | submit a s------- of the thesis |

capture [kǽptʃər] **動** 〜を獲得する	◈「人を魅了する、惹きつける」の意味もある **名**「捕獲、保存」
obligation [ὰbləɡéiʃən｜ɔ̀b-] **名** 義務、責任	**類** responsibility, duty, commitment **形** obligatory「必須の、義務的な」
reservation [rèzərvéiʃən] **名** 不安、懸念、心配	◈ 勿論、「予約」という意味もある **例** make advance reservations「前もって予約をする」 **反** confidence「自信」
redeem [ridíːm] **動** 〜を商品と引き換える、換金する	◈「補う、償う」の意味も **例** redeem an error「過ちを償う」
voyage [vɔ́iidʒ] **名** 航海、船旅、空の旅	**動**「航海する」 ◈ Bon voyage! はフランス語で「良い旅を!」
embassy [émbəsi] **名** 使節団、大使館	**例** the Japanese Embassy in Washington「ワシントンの日本大使館」
feat [fíːt] **名** 偉業、功績	**類** achievement, accomplishment, triumph
cohesive [kouhíːsiv] **形** まとまりのある、団結した	◈「粘着性のある」という意味もある **類** unified, well-integrated
forestall [fɔːrstɔ́ːl] **動** 〜を未然に防ぐ	⚠ 先に何らかの手を打って、好ましくないことの発生を防ぐこと。foretell「〜を予言する」と間違わないこと
synopsis [sinάpsis｜-nɔ́p-] **名** 概要、概略	◈ 複数形は synopses **類** summary, outline, abstract, digest

121
住宅手当を申請する
apply for a housing a--------

122
映画産業の先駆者
a pioneer in the c-------- industry

123
契約を打ち切る
t-------- a contract

124
眠りを妨げる
i-------- with sleep

125
空港で立ち往生している
be left s-------- at the airport

126
驚くほど美しい景観
an a-------- beautiful landscape

127
同義語間の差異を明らかにする
clarify the d-------- between synonyms

128
不必要な経費を削減する
c-------- unnecessary expenses

129
免責条項に該当する
fall under a d--------

130
市長の演説は拍手喝采によって中断させられた。
The mayor's speech was p--------d by applause.

allowance [əláuəns] 名 手当、値引き、許容（量）	例 make an allowance of 10%「10%の値引きをする」
cinema [sínəmə] 名 映画、映画館	◈ 類義語のfilmやmovieも勿論出るが、TOEICのarticleはcinemaも好きだ
terminate [tə́ːrmənèit] 動 ～を打ち切る、終わらせる	😈 シュワルツネッガー主演の映画「The Terminator」はあまりにも有名
interfere [intərfíər] 動 妨げる、邪魔する、干渉する	◈ 他動詞ではなく自動詞であることに注意 名 interference「妨害、干渉、介入」
stranded [strǽndid] 形 立ち往生した	◈ 大抵、飛行機の遅れで足止めを食らうことになっている
astoundingly [əstáundiŋli] 副 驚くほど、驚異的に	形 astounding「驚異的な、驚くべき」 例 an astounding success「驚異的な成功」 類 astonishingly, amazingly
distinction [distíŋkʃən] 名 差異、区別、優秀さ、名声	例 gain artistic distinction「芸術的な名声を得る」 形 distinctive「独特の、特徴のある、際立った」
curtail [kərtéil] 動 ～を削減する、縮小する、短くする	例 curtail a speech「演説を短くする」 類 reduce, decrease, cut down
disclaimer [diskléimər] 名 免責条項、放棄	動 disclaim「～を否認する、否定する、放棄する」 例 disclaim any responsibility「いかなる責任も否認する」
punctuate [pʌ́ŋktʃuèit] 動 ～を中断させる、強調する	◈ 「句読点を打つ」の意味も 例 punctuate a sentence「文章に句読点を打つ」

131

契約期間中に

for the d-------- of the contract

132

有望企業

a p-------- enterprise

133

広範囲の訓練を受ける

u-------- extensive training

134

確かに、我々の戦略は成功には程遠かった。

A--------, our strategy was far from success.

135

配偶者を選ぶ

choose a s--------

136

エンジンを組み立てる

f-------- an engine

137

メリットがデメリットに勝る。

The pros o-------- the cons.

138

全体的なアプローチを採用する

adopt a h-------- approach

139

他の企業を上回る

o-------- other enterprises

140

綿密な分析を行う

conduct s-------- analyses

duration [djuréiʃən | djuər-] 名 期間、継続	❌ 前置詞の during「〜の間」と使い分けること 類 period, extent
promising [prámisiŋ | prɔ́m-] 形 有望な、見込みのある	関 promised「約束の、約束された」 例 as promised「約束通りに」
undergo [λ̀ndərgóu] 動 〜を受ける、経験する	❌「undergo-underwent-undergone」と「A-B-C型」に不規則変化する 類 experience, go through
admittedly [ædmítidli] 副 確かに、明らかに	❌ これから言おうとしていることを、文頭の一語で先にダメ押ししておく感じ 動 admit「〜を認める」
spouse [spáus] 名 配偶者	😀 TOEIC界では配偶者も relative「血縁者」や family「家族」で言い換えられる
fabricate [fǽbrikèit] 動 〜を組み立てる、作る、製作する	😀「捏造する、(誰かを欺くために) でっちあげる」という意味もあるがTOEICには出ない
outweigh [àutwéi] 動 〜に勝る、〜より重要である	例 Practice outweighs theory in English learning.「英語学習においては理論より実践が重要である」
holistic [hòulístik] 形 全体(論)的な、総合的な	😀 この難語がついにTOEICに！ 名 holism「全体論、ホーリズム」
outperform [àutpərfɔ́ːrm] 動 〜を上回る、しのぐ	❌ 同類の他のものを上回る場合に使う。「会社が他社を上回る」「機械の性能が他の機械の性能を上回る」など
scrupulous [skrúːpjuləs] 形 綿密な、慎重な、几帳面な	例 be scrupulous about doing everything「(人が) 何をするにも几帳面だ」 副 scrupulously「綿密に、慎重に」

141

法案を承認する

e------- a bill

142

誤解を招く恐れのある見出し

m------- headlines

143

最先端の医療技術

s------- medical technology

144

産業廃棄物を捨てる

d------- industrial waste

145

抗生物質治療を行う

do antibiotic t-------

146

未払い費用

a------- expenses

147

明白になる

become m-------

148

人気のある講演者

a s------- lecturer

149

国際貿易を支える

u------- international trade

150

激しい反対にもかかわらず

notwithstanding v------- opposition

endorse [indɔ́ːrs] 動 〜を承認する、推薦する、支持する	例 endorse a candidate「候補者を推薦する」 名 endorsement「承認、推薦、支持、署名、裏書」
misleading [mislíːdiŋ] 形 誤解を招く恐れのある	動 mislead「〜を誤った方向に導く、誤解させる、欺く」
state-of-the-art [stéitəvðiáːrt] 形 最先端の	😊 最先端の技術はTOEIC界では珍しくない 類 cutting-edge, leading-edge
discard [diskáːrd] 動 〜を捨てる、廃棄する	✎ 他動詞であることを覚えておく 類 dispose of, throw away, get rid of
therapy [θérəpi] 名 治療、心理療法	類 treatment, remedy 関 therapist「治療専門家、セラピスト」
accrued [əkrúːd] 形 未払いの	類 outstanding, unpaid, unsettled, owing 動 accrue「生じる、発生する」
manifest [mǽnəfèst] 形 明白な	動「〜を明らかにする」 関 manifesto「声明、宣言」 例 issue a manifesto「声明を出す」
sought-after [sɔ́ːtæftər | -àːf-] 形 人気のある、需要の多い	✎ sought は 動詞のseek「〜を探す、求める」の過去・過去分詞　例 be sought after by students「学生に人気がある」
underpin [ʌ̀ndərpín] 動 〜を支える、支持する	名 underpinning「基礎、基盤、土台」 類 support
vehement [víːəmənt] 形 激しい、熱心な、熱烈な	名 vehemence「激しさ、熱情」 副 vehemently「激しく、熱心に、熱烈に」

| 151 | 交渉が成功裡に進むと仮定すれば |
| | a------- that negotiations proceed successfully |

| 152 | 構内立入禁止です。 |
| | Keep off the p-------. |

| 153 | 知らせを聞いてわくわくする |
| | be t------- to hear the news |

| 154 | 金銭的な援助 |
| | m------- assistance |

| 155 | ブランド価値を維持する |
| | s------- brand value |

| 156 | すき間市場 |
| | a n------- market |

| 157 | 長年の対立関係 |
| | a longstanding r------- |

| 158 | 有名な慈善団体 |
| | a renowned p------- organization |

| 159 | 組織を活性化する |
| | r------- an organization |

| 160 | 全ての原稿を吟味する |
| | v------- every manuscript |

assuming [əsú:miŋ|əsjú:m-] 接 〜と仮定すれば	◆assuming that SV の that は省略され、assuming SV となることが多い
premises [prémisiz] 名 構内、土地、建物	◆単数形名詞の premise は「前提、根拠」という意味が重要 動 premise「〜を前提とする」
thrilled [θríld] 形 わくわくする、興奮する	動 thrill「〜をわくわくさせる、興奮させる」 ◆スリルといっても怖い話ではない
monetary [mánətèri, mʌ́n-|mʌ́nitəri] 形 金銭的な	例 a monetary prize「賞金」 ◆momentary「瞬間の」と綴りが似ているので見間違い注意！
sustain [səstéin] 動 〜を維持する、持続する	◆「〜を被る、受ける」という意味もある 例 sustain some damage「幾らかの損害を被る」
niche [nítʃ|ní:ʃ] 名 すき間	◆潜在的ニーズ はあるものの、まだ 大手企業が手を出していないような市場のこと。ニッチ産業、ニッチ市場などという
rivalry [ráivəlri] 名 対立関係、競争	類 competition, contention, vying（動詞 vie が名詞化したもの） 関 rival は人や組織を表す単語で「ライバル、競争相手、競合他社」
philanthropic [filənθrápik|-θrɔ́p-] 形 慈善の、慈善事業を行う	類 charitable 名 philanthropy「慈善、慈善行為」
rejuvenate [ridʒú:vənèit] 動 〜を活性化する	名 rejuvenation「活性化、若返り」 類 revitalize, regenerate
vet [vét] 動 〜を吟味する、詳しく調べる	◆専門家が正確さや適格性を審査するイメージ 名「獣医」＝veterinarian もある

161

来る会議に理想的な会場

an i------- venue for the upcoming conference

162

厳しい訓練

r------- training

163

損傷の原因となる

contribute to w------- a-------- t--------

164

見本市の開催場所を探す

look for a f------- for the trade show

165

従業員の高い離職率

a high rate of employee t-------

166

自信喪失に陥る

suffer a l------- of confidence

167

筋の通らない論拠

illogical r--------

168

事実上の指導者のままである

remain the d------- f------- leader

169

景気が好転すると仮定する

p-------- that the economy will improve

170

予期しない混乱を経験する

go through unexpected t-------

ideal [aidí:əl|-díəl] 形 理想的な、最高の	名「理想、見本」 副 ideally「理想的に」 例 be ideally located「理想的な場所にある」
rigorous [rígərəs] 形 厳しい、厳格な、厳正な	✖ a rigorous climate「厳しい気候」 名 rigor「厳格、厳密」
wear and tear [wéər ənd téər] 名 損傷、すり切れ、いたみ	✖ 一般的に、通常使用における損傷や、経年劣化による損傷をいう
fairground [féərgràund] 名 開催場所、催事会場	😀 イベントや催し物を開催する場所をいう。TOEICでは場所を表す名詞は大事
turnover [tə́ːrnòuvər] 名 離職率、売上高、急転	例 an annual turnover「年間売上高、年間取引高」
lapse [læps] 名 喪失、過失	動「陥る、堕落する、(〜の状態に) なる」 例 lapse into recession「不況に陥る」 ✖「期限が切れる」の意味もある
reasoning [ríːzəniŋ] 名 論拠、推論、論法	動 reason「論理的に考える、推論する」 類 rationale
de facto [di: fǽktou] 形 事実上の、実際の	✖ 法的には認められていないが、あるいは、形式上は違うが、事実上の〇〇、という意味 副「事実上は、実際は」
postulate [pástʃulèit|póstju-] 動 〜と仮定する、要求する	名「仮定」= postulation 類 hypothesize, assume
turmoil [tə́ːrmɔil] 名 混乱、騒動、不安、動揺	例 adolescent turmoil「青年期の不安」 類 confusion, chaos, disorder

47

171
素晴らしい映画で主演を務める
star in a f------- film

172
非常に残念な決定
an extremely r------- decision

173
換気装置を設置する
install a v------- system

174
大幅な譲歩をする
make a major c--------

175
映画の試写会に参加する
attend a film p--------

176
全て上手くいくよう取り計らう
s------- t------- i------- t------- everything is well

177
勝利を祝う
celebrate a t--------

178
消費の主な決定要素
a major d------- of consumption

179
続いて起こった議論
the e------- debate

180
くつろぐ場所を探す
search for a place to u--------

fabulous [fǽbjuləs] 形 素晴らしい、驚くべき	✕「-ulous」で終わるのは形容詞 例 marvelous「驚嘆すべき」ridiculous「滑稽な」meticulous「細心の」populous「人が多い」など
regrettable [rigrétəbl] 形 残念な、遺憾な	✕ It is regrettable that SV「SがVするのは残念だ」の形もとる 副 regrettably「残念なことに」
ventilation [vèntəléiʃən] 名 換気、通気、風通し	動 ventilate「〜を換気する」 関 ventilator「換気装置、人工呼吸器」
concession [kənséʃən] 名 譲歩、容認	🐷 TOEICでは「売店」の意味でも出る 例 a concession stand「売店」= a kiosk
premiere [primíər, -mjéər | prémièə] 名 試写会、初日、初演	🐷 TOEIC界では、一般公開の前日に試写会に招かれる 動「〜を封切る、初演する」
see to it that [síː tu ít ðæt] 動 〜するよう取り計らう、注意する	✕ it が抜けて see to that SVの形になることもある 関 in that SV「SがVするという点において」
triumph [tráiəmf] 名 勝利、大成功	✕ こんな名前のオートバイの製造メーカーがある 類 victory 反 defeat「敗北」
determinant [ditə́ːrmənənt] 名 決定要素、決定要因	✕ 何かを決定するための拠り所となるものをいう 類 determining factor, determinative factor
ensuing [insúːiŋ, en- | -sjúː-] 形 続いて起こった、その後の	例 the ensuing years「その後の数年間」 動 ensue「続いて起きる、結果として起きる」
unwind [ʌ̀nwáind] 動 くつろぐ、リラックスする	✕ 他動詞扱いの場合、再帰代名詞を使って、unwind oneself「くつろぐ」となる

49

| 181 | 適切な許可を持って |
| | with proper a-------- |

| 182 | 家具をアパートに備えつける |
| | f-------- an apartment with furniture |

| 183 | 会社の静養所を訪れる |
| | visit a company r-------- |

| 184 | 無傷のままである |
| | remain i-------- |

| 185 | 透明な関係を築く |
| | forge a t-------- relationship |

| 186 | 地方支部を創立する |
| | found a local c-------- |

| 187 | 新しい戦略を考案する |
| | devise new t-------- |

| 188 | 著名な外科医 |
| | an i-------- surgeon |

| 189 | 簡潔に要約する |
| | r-------- briefly |

| 190 | はっきりした回答を要求する |
| | demand an u-------- answer |

authorization [ɔ̀ːθərizéiʃən | -rai-] 名 許可、承認、権限の付与	◉「許可、承認」の意味では、approval, permission が類義語
furnish [fə́ːrniʃ] 動 ～に備えつける、～を供給する	◉furnish A with B「AにBを供給する」も重要 類 equip, outfit, provide, supply
retreat [ritríːt] 名 静養(所)、避難、撤退	動「撤退する、後退する」 ◉TOEICではcompany retreatは「社員旅行」の意味で出ることがある
intact [intǽkt] 形 無傷の、完全な	例 be delivered intact「損傷のない状態で届けられる」 類 unbroken, undamaged
transparent [trænspéərənt | -péər-] 形 透明な	◉transparent partitions「透明な仕切り」は、Part 1に出る 名 transparency「透明性、透明度」
chapter [tʃǽptər] 名 支部、分会	◉書物などの「章、節」で有名な単語だが、「支部、分会」の意味でも出る
tactics [tǽktiks] 名 戦略、戦術、戦法	🐸 少し古いが、OXFORDの「Tactics for TOEIC」というテキストがある。解説もすべて英語！
illustrious [ilʌ́striəs] 形 著名な、輝かしい	例 an illustrious career「輝かしい経歴」 関 illustrative「実例となる、説明に役立つ」
recapitulate [rìːkəpítʃulèit] 動 要約する、要点を繰り返す	◉recap と略されて使われることもある 類 summarize, epitomize, digest, condense
unequivocal [ʌ̀nikwívəkəl] 形 はっきりした、明白な	◉un-「否定」+ equivocal「曖昧な」=「曖昧でない」→「はっきりした、明白な」 副 unequivocally「はっきりと、明白に」

191
子供向けの衣服

g-------s for children

192
職場の士気を高める

boost workplace m-------

193
次の分析を行う

conduct s------- analyses

194
はっきりと聞こえる

be distinctly a-------

195
多様な食事

a v------- diet

196
本に索引を付け加える

a------- an index to a book

197
人口統計上のデータによれば

according to d------- data

198
清潔なキッチン

an i------- kitchen

199
騒々しい群衆

a r------- crowd

200
驚くべき情報を入手する

acquire s------- information

garment [gáːrmənt] 名 衣服	題 clothing「衣服（複数扱い）」と異なり、単数扱いであることに注意
morale [mərǽl | mɔːrάːl] 名 士気、やる気	◈不可算名詞であることに注意。moral「教訓、道徳、道徳上の」と混同しないこと
subsequent [sʌ́bsikwənt] 形 次の、それに続く	関 subsequent to〜「〜の後で」 副 subsequently「その後で」
audible [ɔ́ːdəbl] 形 聞こえる、聞き取れる	反 inaudible「聞こえない、聞き取れない」 名 audibility「聞こえること、聴力」
varied [véərid] 形 多様な、様々な、変化に富む	◈後ろに置く名詞は単数も複数もあり 題 variousの後ろは複数形の名詞のみ
append [əpénd] 動 〜を付け加える、添える	例 append a tag to a suitcase「スーツケースに名札を添える」 名 appendix「付録、付属書、別表」
demographic [dìːməɡrǽfik, dèmə-] 形 人口統計上の	名「〜層」 例 youthful demographic「若年層」
immaculate [imǽkjulət] 形 清潔な、完璧な	例 immaculate performances「完璧な演技」 副 immaculately「きちんと、完璧に」
raucous [rɔ́ːkəs] 形 騒々しい、耳障りな	例 raucous atmosphere「騒々しい雰囲気」 副 raucously「騒々しく」
stupendous [stjupéndəs | stju-] 形 驚くべき、途方もない、膨大な	例 a stupendous amount of money「膨大な金」 副 stupendously「驚くほど、並外れて」

語源を活用する

　単語には相性というものがあって、どうしても覚えられない、あるいは覚えても直ぐに忘れてしまう、自分と相性の良くない単語というものが存在します。この障壁を突破する最も有効な手立ては語源の活用です。

　語源は、その部位で大きく３つに分かれます。接頭辞・語根・接尾辞です。単語の先頭部分、つまり左側に位置するものが接頭辞、真ん中に位置するものが語根、単語の最後の部分、つまり、右側に位置するものが接尾辞です。

　そんなに厳密に考える必要はありません。ひとことで言ってしまえば、字面、単語の顔つきです。英単語のスペル（綴り）にある一定の法則・ルールに基づいて、その意味を推測するということです。

　例えば、reinforce という単語の意味をご存じでしょうか？　知らなくても大丈夫ですよ。語源から推測してみましょう。「re-」の持つコアイメージは「再び、元の状態に、後ろに」です。「in」は「中に、上に」、force は fort, forc の変化形で「力、力強さ」です。「再」「中に」「力」を入れるという流れで「強化する」という意味になるわけです。

　このように、感覚ではなく理屈で覚えることができるのが、語源を活用する最大のメリットです。このメリットを最大限に活用することで、使える語彙を加速度的に増やしていくことができます。苦手な単語を覚えるきっかけ作りにもなりますね。

　そして、「加速度的に」という理由は、語源の知識を増やし、その生きた事例を体得することで、単語を覚える下地が徐々に形成されてくるからです。従って、既にある程度の単語力がある人が圧倒的に有利です。その下地を使って「加速度的に」語彙を増やしていってください。

　最初は取っ付きにくい語源学習ですが、一旦、波に乗ると、信じられないスピードで語彙力を拡大させる可能性を秘めています。

Round 2

201 — 400

🔊3 — 🔊4

201

簡単なテストを実施する

a------- a simple test

202

コミュニケーション能力を強化する

b------- communication skills

203

生涯保証

a lifetime w-------

204

その場に相応しくない服装をする

wear i------- attire for the occasion

205

必要以上に複雑である

be n------- complicated

206

生産の障害を解決する

resolve production b-------s

207

議論の余地がある仮説

d------- hypotheses

208

外国の文化を吸収する

a------- foreign cultures

209

コンパクトカメラの需要が急増している。

Demand for compact cameras has b-------ed.

210

善悪を見分ける

d------- right from wrong

administer [ædmínistər] 動 ～を実施する、運営する	名 administration「管理、運営」 形 administrative「管理の、運営の」
bolster [bóulstər] 動 ～を強化する、支える	名「長枕、クッション」の意味もあるがTOEIC には出ない
warranty [wɔ́:rənti | wɔ́r-] 名 保証、保証書	動 warrant「～を保証する」 ◈後ろに動名詞、that節をとる用法がある
improper [imprápər | -prɔ́pə] 形 相応しくない、不適切な	副 improperly「不適切に」 類 inappropriate, unsuitable
needlessly [ní:dlisli] 副 必要以上に、不必要に	形 needless「不必要な、無駄な」 例 needless to say「言うまでもなく」
bottleneck [bátlnèk | bɔ́tl-] 名 障害、障壁	◈元々の意味は、交通渋滞を引き起こす場 所や通りにくい場所をいう
disputable [dispjú:təbl] 形 議論の余地がある、疑わしい	名 動 dispute「論争、紛争」「論争する」 反 indisputable「議論の余地がない」
assimilate [əsíməlèit] 動 ～を吸収する、理解する、同化する	名 assimilation「同化、吸収」 例 assimilation into a new culture「新し い文化への同化」
burgeon [bə́:rdʒən] 動 急増する、急成長する	形 burgeoning「急成長している」 例 a burgeoning market「急成長している 市場」
discern [disə́:rn, -zə́:rn] 動 （～を）見分ける、理解する	◈dis（離して）+ cern（分ける）から「区別す る、見分ける」となる 形 discerning「鑑識眼のある」

211

絶対的な自信を持って

with a------- confidence

212

道路の閉鎖

c------- of a road

213

顧客のニーズを特定する

i------- customers' needs

214

大胆な構想を練る

weave a d------- plot

215

指紋をスキャンする

scan a f-------

216

遅刻をお詫びする

be a------- for having been late

217

決定を上司に任せる

e------- the boss with decisions

218

総計で

in the a-------

219

法律に従わない

d------- a law

220

想像もできない出来事

an i------- occurrence

absolute [ǽbsəlùːt] 形 絶対的な、完全な	類 definite (絶対的な) 類 complete (完全な) 副 absolutely「完全に、全く」も頻出する
closure [klóuʒər] 名 閉鎖	動 close「～を閉鎖する、閉じる」 例 close a factory「工場を閉鎖する」
identify [aidéntəfài] 動 ～を特定する、確認する	◈ identify A as B「AをBと確認する」 名 identity「同一人 (物) であること、身元」 形 identifiable「特定できる」
daring [déəriŋ] 形 大胆な、勇気のある、思い切った	類 bold, fearless, brave, adventurous, dauntless, reckless 動 dare「あえて～する」
fingerprint [fíŋgərprint] 名 指紋	動「～の指紋をとる」 関 fingertip は「指先」で、指紋ではない
apologetic [əpɑ̀lədʒétik	əpɔ̀l-] 形 お詫びの、弁明の、申し訳なさそうな	名 apology「謝罪、お詫び、言い訳」 動 apologize「謝罪する、言い訳する」
entrust [intrʌ́st] 動 ～に任せる、委ねる	◈ entrust A to B (人)「BにAを任せる」 の形もある。前置詞が変わると、AとBが 逆転する
aggregate 名形 [ǽgrigət] 動 [ǽgrigèit] 名 総計、集合体	形「総計の」動「総計で～になる」 ◈ aggravate「～を悪化させる」と混同しな いこと
disobey [dìsəbéi] 動 ～に従わない、背く	類 violate 名 disobedience「違反、不服従」 形 disobedient「服従しない、従順でない」
inconceivable [inkənsíːvəbl] 形 想像もできない、あり得ない	副 inconceivably「想像もできない程」 ◈ It is inconceivable that SV「SがVす るなんて考えられない」の形もある

221

隣接した建物

an a------- building

222

有効な証明書

a valid c-------

223

給与から税金を控除する

d------- tax from the payment

224

粘着ラベルを貼る

a------- an adhesive label

225

税金を免除されている

be e------- from taxes

226

遅れた到着を詫びる

apologize for a b------- arrival

227

主に医療問題に焦点を当てる

focus p------- on medical issues

228

明るい将来を想像する

e------- a bright future

229

研究に没頭する

be i-------d in a study

230

明快な説明

a l------- explanation

adjacent [ədʒéisnt] 形 隣接した、隣り合った	✖adjacent to～「～に隣接した」 類 adjoining, neighboring
certificate [sərtífikət] 名 証明書、修了証書	🌀 TOEIC界の企業は、入社後はゆるい社風を堪能できるが、求職の際にはしばしば証明書が求められる
deduct [didÁkt] 動 ～を控除する、差し引く	名 deduction「控除」 形 deductible「控除できる」
affix [əfíks] 動 ～を貼る、添付する	類 attach, stick 反 detach, remove「～を取り除く」
exempt [igzémpt] 形 免除された	動「～を免除する」 例 exempt a student from paying tuition「学生を授業料の支払いから免除する」
belated [biléitid] 形 遅れた	類 late, delayed 🌀 TOEIC界では遅延ごときで驚いてはならない。むしろ、遅延がなければ問題作成に支障が出る
principally [prínsəpəli] 副 主に、大抵	形 principal「主な、主要な、重要な」 類 mainly, chiefly, mostly, largely
envision [invíʒən] 動 ～を想像する、心に思い描く	✖将来に起こる良い出来事を思い描くイメージの言葉。「en-」は名詞について動詞化する接頭辞
immerse [imə́:rs] 動 ～を没頭させる、浸す	例 immerse oneself in～「～に没頭する」 immerse ～ in water「～を水に浸す」
lucid [lú:sid] 形 明快な、明晰な	🌀 超難単語！ 副 lucidly「明快に、分かりやすく」 名 lucidity「明快さ、分かりやすさ」

61

| 231 | 本物の古美術品 |
| | an a------- antique |

| 232 | 迂回路をとる |
| | take a d------- |

| 233 | 新製品を売り出す |
| | l------- a new product |

| 234 | 従業員を賞賛する |
| | h------- an employee |

| 235 | 適切な治療 |
| | an appropriate r------- |

| 236 | プロ意識を証明する |
| | a------- to the professionalism |

| 237 | 奇跡的な復興を遂げる |
| | make a m------- recovery |

| 238 | ぼんやりと答える |
| | respond a------- |

| 239 | 様々な材料を混ぜ合わせる |
| | c------- various ingredients |

| 240 | 進取的な会社 |
| | an e------- company |

authentic [ɔːθéntik] 形 本物の、信頼できる	😊 この単語本も authentic な内容を目指している 類 genuine 反 fake, false「偽の」
detour [díːtuər] 名 迂回路、回り道	例 an unscheduled detour「予定にない回り道」 動「迂回する」
launch [lɔ́ːntʃ] 動 〜を売り出す、開始する	名「新発売、開始、着手」 ⚠発音に注意！ ラウンチではない、ローンチ！
honor [ánər | ɔ́nə] 動 〜を賞賛する、守る	例 honor a contract「契約を守る」 名「名誉、人望、尊敬、名声」
remedy [rémədi] 名 治療、改善（策）	例 suggest a viable remedy「実現可能な改善策を提案する」 動「〜を改善する、治療する」
attest [ətést] 動 証明する、証言する	⚠「〜を証明する、証言する」という他動詞の用法もある。attest that SV「SがVだと証言する」の形もある
miraculous [mirǽkjuləs] 形 奇跡的な、驚くべき	例 a miraculous memory「驚くべき記憶力」 名 miracle「奇跡、偉業、驚異」
absently [ǽbsəntli] 副 ぼんやりと、うっかりして	😊「うわの空で」というイメージ。「欠席して」ではない 類 inattentively, distractedly, abstractedly
compound 動 [kəmpáund] 名 形 [kámpaund | kɔ́m-] 動 〜を混ぜ合わせる、組み合わせる	⚠「〜をさらに悪化させる」という意味もある 例 compound a problem「問題をさらに悪化させる」 名「化合物」 形「合成された、複合の」
enterprising [éntərpràiziŋ] 形 進取的な、冒険的な、意欲的な	名 動 enterprise「事業、企画、会社、進取の気性」「(事業など) 着手する、引き受ける」

241	新規顧客にとって魅力的である be a------- to new customers
242	包括的な研究を委託する c------- a comprehensive study
243	収益目標を設定する set an e------- goal
244	地元の食材を調達する s------- local ingredients
245	不正アクセス u------- access
246	手強い競争相手を打ち負かす floor a formidable o-------
247	根強い不況に苦しむ suffer p------- recession
248	模様を彫り込む e------- a pattern
249	先見の明を欠く lack f-------
250	中級課程を終える complete an i------- course

appealing [əpíːliŋ] 形 魅力的な	類 attractive, fascinating, enchanting, bewitching, engaging, captivating, charming
commission [kəmíʃən] 動 ～を委託する、依頼する	◎commission 人 to do「(人) に～するよう依頼する」の形も重要 名「委託、委任、任務、権限、手数料」
earnings [ə́ːrniŋz] 名 収益、所得	◎通常、複数形で使われる。単数形の earning は「収入を得ること、賃金を稼ぐこと」
source [sɔ́ːrs] 動 ～を調達する	名「源、原因、情報源、出典、資料」 ◎情報やモノの「出どころ」ということ
unauthorized [ʌnɔ́ːθəraizd] 形 不正の、権限のない	◎authorize は「(権限や許可を) 与える」という意味の動詞 類 unapproved, uncertified, unlicensed, unaccredited
opponent [əpóunənt] 名 競争相手、対抗者	◎floor は「～を圧倒する、打ち負かす」という意味の動詞 類 competitor, contender, rival, adversary
persistent [pərsístənt] 形 根強い、粘り強い、持続する	名 persistence「持続性、固執、粘り強さ」 動 persist「持続する、固執する」
engrave [ingréiv] 動 ～を彫り込む、彫刻する	名 engraving「彫刻、名入れ」 例 engraving service「名入れのサービス」 類 sculpt, carve, inscribe, imprint
foresight [fɔ́ːrsàit] 名 先見の明	動 foresee「～を予見する、予測する」 関 forethought「(事前の) 考慮、計画、深慮」
intermediate 形名 [intərmíːdiət] 動 [intərmíːdièit] 形 中級の、中間の	例 an intermediate stage of development「発展の中間段階」 名「中級者、中間体」 動「仲介する、調停する」

251	化石資源を枯渇させる d-------- fossil resources
252	運賃を請求する charge f--------
253	保険証券 an i-------- policy
254	仮の暗証番号を入力する enter the temporary P--------
255	古い劇場を取り壊す t-------- d-------- an old theater
256	下降経済を復活させる r-------- the downturn economy
257	景気後退に苦しむ suffer an economic s--------
258	支払いを拒否する r-------- payment
259	広範囲にわたるサービス a wide s-------- of services
260	統計データを表にする t-------- statistics

deplete [diplíːt] **動** 〜を枯渇させる、減らす	**類** exhaust, reduce **名** depletion「枯渇、減少」
freight [fréit] **名** 運賃、貨物、積荷、輸送	**例** freight by air「航空運賃」 freight by rail「鉄道運賃」 **動**「〜に荷物を積む」 **例** freight a ship「船に荷物を積む」
insurance [inʃúərəns, inʃúərəns] **名** 保険、保険契約	**動** insure「〜に保険を掛ける、補償する」 **関** the insured「保険契約者、被保険者」 insurer「保険会社」
PIN [pín] **名** 暗唱番号、個人識別番号	**※** Personal Identification Number の略。 Part 7でたまに出てくるが、知らないと苦労する
tear down [téər dáun] **動** 〜を取り壊す、解体する	**※**「tear-tore-torn」と「A-B-C型」に不規則変化するので注意！
reactivate [riǽktəvèit] **動** 〜を復活させる、再活性化させる	**類** revitalize, reinvigorate **☺**「復活・再生」系のポジティブな単語はTOEICにはよく出る
setback [sétbæk] **名** 後退、失敗	**例** with no setback「失敗することなく」 **※** 勿論、アメフトの「セットバック」の意味もある
repudiate [ripjúːdièit] **動** 〜を拒否する、否定する	**例** repudiate a suggestion「提案を拒否する」 repudiate a claim「要求を拒否する」 **※**「離縁する」の意味もあるがTOEICには出ない
spectrum [spéktrəm] **名** 範囲、領域、種類	**☺** 本来、スペクトルは、科学・化学・医療系分野の専門用語だが、TOEICでは「範囲、領域」と認識していればよい
tabulate [tǽbjulèit] **動** 〜を表にする、一覧表で表す	**例** tabulate the findings「研究結果を一覧表にまとめる」 **類** tabularize

261

記憶に残るイベント

a m------- event

262

停電を引き起こす

cause a power o--------

263

候補者の人物評を書く

p-------- a candidate

264

部分的には成功である

be p-------- successful

265

良い面を最大限に引き出す

maximize the u--------

266

主導権を握る

s-------- the initiative

267

直ぐに準備を始める

begin making preparations s--------

268

相互の義務に基づいて

based on r-------- obligations

269

新人が前任者に取って代わった。

New hires have s-------ed their predecessors.

270

妥協のない基準を維持する

maintain u-------- standards

memorable [mémərəbl] 形 記憶に残る、忘れられない	動 memorize「〜を覚える、記憶する」 類 unforgettable
outage [áutidʒ] 名 停電	😊 TOEIC界ではしばしば落雷による停電、メンテナンスによる計画停電がある 類 power failure
profile [próufail] 動 〜の人物評を書く、特集する	例 be profiled in the local newspaper「地元紙に特集される」 名「人物紹介、略歴、横顔、輪郭」
partially [páːrʃəli] 副 部分的に、不公平に	❌ judge partially「不公平な判決を下す」 反 impartially「公平に、偏らずに」
upside [ápsàid] 名 良い面、利点	❌ もともとの意味は「上側」 反 downside「不利な面、不都合な点」
seize [síːz] 動 〜を握る、掴む、手に入れる	❌「〜を理解する」という意味も 例 seize the point「ポイントを理解する」
straightaway [stréitəwèi] 副 直ぐに	❌ straight away と2語になっても同じ意味になる 類 immediately, promptly, right away
reciprocal [risíprəkəl] 形 相互の、双方の、返礼の	名 reciprocation「交換、返礼」 例 in reciprocation for〜「〜の返礼として」 動 reciprocate「〜を交換する、返礼する」
supplant [səplǽnt | -pláːnt] 動 〜に取って代わる	❌ be supplanted by〜「〜に取って代わられる」 類 replace, substitute, displace, supersede
uncompromising [ʌnkámprəmàiziŋ | -kɔ́m-] 形 妥協のない、断固とした	関 do research without compromising「妥協せずに研究する」

69

271

突然の辞職

an abrupt r-------

272

私の在職期間中に

during my t-------

273

子供に予防接種をする

v-------- a child

274

中古の高級ブランド品

s-------- luxury goods

275

優雅な時計

an elegant t-------

276

未知のウイルスについて理論を立てる

t-------- about the unknown virus

277

前もって会費を支払う

pay membership fees u-------- f--------

278

国際的な大企業

an international p--------

279

年一回の式典を行う

perform an annual r-------

280

高級なレストラン

an u-------- restaurant

resignation [rèzignéiʃən] 名 辞職、退職、辞任	動 resign「辞職する、辞任する」他動詞もあるが、TOEICでは自動詞が圧倒的に多い
tenure [ténjər, -njuər] 名 在職期間、在職権	😊 リスニングセクションにもリーディングセクションにも出る 類 incumbency, term of office
vaccinate [vǽksənèit] 動 ～に予防接種をする	◈自動詞扱いもする 例 vaccinate against influenza「インフルエンザの予防接種をする」 名 vaccine「ワクチン」
secondhand [sékəndhǽnd] 形 中古の、また聞きの	例 secondhand information「また聞きの情報、受け売りの情報」 最初に入手するのは自分ではないということ
timepiece [táimpìːs] 名 時計	◈時計と言えば、clock「掛け時計、置時計」か watch「腕時計」だが、その総称をいう
theorize [θíːəràiz｜θíər-] 動 理論（学説）を立てる	◈theorize that SV「SがVであると理論づける」の形もとり、この際は他動詞扱い 名 theory「理論、学説」
up front [ʌ́p frʌ́nt] 副 前もって、率直に	類 in advance, beforehand 形 upfront「前もっての、前金の、率直な、管理職の」
powerhouse [páuərhàus] 名 大企業、勢いのある団体	◈「発電所」の意味もあり、力を生み出す場所、力が集約される場所というイメージ
ritual [rítʃuəl] 名 式典、儀式	◈宗教的な儀式の色彩が強い言葉だが、最近では一般的な「式典」としても使われる 類 ceremony, observance, rite
upmarket [ʌ́pmàːrkit] 形 高級な、高級市場向けの	例 upmarket fashions「高級市場向けのファッション」 副「高級市場に」 例 move upmarket, go upmarket「高級市場に進出する」

281

推薦状を書く

write a r-------- letter

282

伝統的な農業

t-------- agriculture

283

レントゲン線の検査を受ける

have an x-------- examination

284

販売で成功を収めた年

a b-------- y-------- for sales

285

時折生じる問題

an o-------- problem

286

30分の休憩時間をとる

take a 30-minute r--------

287

変動しやすい市況

v-------- market conditions

288

即興の演奏をする

give an impromptu r--------

289

短期間

for a short s--------

290

心からの支援を表明する

express w-------- support

reference [réfərəns] 名 推薦(する人)、参考	動「〜を参照する」 例 reference a database「データベースを参照する」
traditional [trədíʃənl] 形 伝統的な	图 tradition「伝統、習わし、慣習」 副 traditionally「伝統的に」
x-ray [éksrèi] 名 レントゲン線、エックス線	関 ray「光線」「〜に光を当てる、放射する」 放射線は radiation という
banner year [bǽnər jíər] 名 成功を収めた年、当たり年	関 banner「国旗、横断幕、垂れ幕、大見出し」 ネット上のバナー広告もこれに該当する
occasional [əkéiʒənəl] 形 時折生じる、たまの	副 occasionally「時折、ときどき」 图 occasion「場合、出来事、機会」
recess [risés, ríːses] 名 休憩時間、休会、休み	動「休会する、中断する」 ✖綴りが似ている recession「不景気、景気後退」には「休み」の意味はない
volatile [vάlətl, -til	vɔ́lətàil] 形 変動しやすい、不安定な	✖「揮発性の」という意味もある 例 volatile chemicals「揮発性薬品」 反 stable「安定した」
rendition [rendíʃən] 名 演奏、演出、翻訳	例 an English rendition of a Portuguese poem「ポルトガル語の詩の英語翻訳」
stint [stínt] 名 期間、任務	✦単なる期間ではなく、何かをするために割り当てられた期間をいう 類 stretch, period, spell, time, term
wholehearted [hóulhάːrtid] 形 心からの、真剣な	副 wholeheartedly「心から、真剣に」 例 agree wholeheartedly「心から賛同する」

291

労使の連絡係を務める

act as a l------- between labor and management

292

多国籍企業

a m------- company

293

効率性を優先する

place a p------- on efficiency

294

モームから一節を引用する

c------- a passage from Maugham

295

事実に基づく証拠を提示する

present f------- evidence

296

想像上の世界を描く

p------- an imaginary world

297

避けられない事情のもとで

under u------- circumstances

298

様々な配列で

in a variety of c-------s

299

いつも前向きな印象を与える

give an i------- positive impression

300

議会の承認

p------- approval

liaison	動 liaise「連絡をとる、連携する」
	例 liaise closely with the boss「上司と密に連絡をとる」
[liːeizɔ́ːŋ, liéizon, líəzɔːn]	
名 連絡係	

multinational	※「multi-」は多数や多種を表す接頭辞
	名「多国籍企業」
[mÀltinǽʃənl]	類 transnational
形 多国籍の	

priority	例 take priority over ～「～よりも優先される」
	動 prioritize「～を優先する」
[praiɔ́ːrəti]	
名 優先、優先事項	

cite	※cite A as B「AをBとして引用する、引き合いに出す」
	類 quote, excerpt
[sáit]	
動 ～を引用する、～に言及する	

factual	※based on facts という意味
	副 factually「事実に基づいて」
[fǽktʃuəl]	反 imaginary「想像上の」fictional「架空の」
形 事実に基づく	

portray	※「～を演じる」という意味もある
	例 portray Romeo「ロミオを演じる」
[pɔːrtréi]	名 portrait「肖像、肖像画、描写」
動 ～を描く、描写する	

unavoidable	類 inevitable
	反 evitable, avoidable「避けられる」
[Ànəvɔ́idəbl]	
形 避けられない	

configuration	動 configure「～を設計する、配置する」
	形 configurable「設定可能な」
[kənfìgjuréiʃən]	
名 配列、配置、構成、構造	

invariably	※invariablyを確率で示すと、100%！いつでも変わらず常に！ 例 Be invariably confident.「いつも自信満々であれ」
[invέəriəbli]	
副 いつも、常に、変わることなく	

parliamentary	名 parliament「国会、議会」
	parliamentarian「国会議員」
[pὰːrləméntəri]	
形 議会の、議会に関する	

301
契約を変更する
a-------- a contract

302
交通が混雑している通り
a street c------- with traffic

303
庭に肥料をまく
spread f------- in the garden

304
自叙伝を出版する
publish an a--------

305
田舎の温泉宿に泊まる
stay at a rural hot spring i--------

306
通行可能な幹線道路
a p------- highway

307
裁判の原告
a p------- in a lawsuit

308
これ以上、お引き留めしません。
I won't d------- you any longer.

309
オリンピックの記念品
Olympic m--------

310
長いことその問題を熟考する
p-------- the matter for a long time

alter [ɔ́ːltər] 動 ～を変更する	名 alteration「変更、修正、手直し」 類 change, amend, modify, revise, remodel, revamp
congested [kəndʒéstid] 形 混雑している	動 congest「～を混雑させる」 例 congest a highway「幹線道路を混雑させる」
fertilizer [fə́ːrtəlàizər] 名 肥料	動 fertilize「～に肥料を与える」 形 fertile「(土地が) 肥えた、肥沃な」
autobiography [ɔ̀ːtəbaiágrəfi|-ɔ́g-] 名 自叙伝、伝記	◈biography も「伝記」だが、本人以外の他人が書いたもの
inn [ín] 名 宿、宿屋	◈全国展開の「○○イン」という名前のビジネスホテルを思い出そう
passable [pǽsəbl|páːs-] 形 通行可能な、まあまあの	例 speak passable English「まあまあの英語を話す」 反 impassable「通行不能の、克服できない」
plaintiff [pléintif] 名 原告、起訴人	😀 TOEIC界では余程のことがあっても裁判沙汰にはならない 反 defendant「被告人」
detain [ditéin] 動 ～を引き留める、拘留する	◈Part 5の誤答選択肢に登場。detain the accused「被告人を拘留する」はTOEICには出ない
memorabilia [mèmərəbíliə] 名 記念品、思い出の品	◈ラテン語の形容詞 memorabilia「記憶に値する」に由来する。複数形扱いであることに注意
ponder [pándər|pón-] 動 ～を熟考する	◈自動詞もあり、後ろに on, over, about を伴うことが多い 例 ponder on the matter「その問題を熟考する」 類 contemplate, deliberate, consider

311

手強い競争相手として現れる

e------- as a formidable rival

312

英語を学ぶ動機

an i------- to learn English

313

近隣の地域

a n------- district

314

注意を促す忠告

c------- advice

315

不可欠な必要条件

an indispensable p-------

316

地元の商工会議所に属する

belong to the local c------- of commerce

317

強力な指導力を発揮する

e------- vigorous leadership

318

永遠のライバル

a p------- rival

319

人気の復活を享受する

enjoy a r------- in popularity

320

短期滞在客

a t------- guest

emerge [imə́:rdʒ] **動** 現れる	**形** emerging「新興の」 **例** an emerging company「新興企業」
incentive [inséntiv] **名** 動機、やる気を出させるもの	⊗「インセンティブ」で日本語として定着している **類** motivation
neighboring [néibəriŋ] **形** 近隣の、隣接した	**名** neighborhood「近所、近隣」 neighbor「近所の人、隣人」
cautionary [kɔ́:ʃənèri | -ʃnəri] **形** 注意を促す、警戒的な	**名 動** caution「注意、用心、警戒」「〜に注意する、警告する」 **例** use caution, exercise caution「注意する」
prerequisite [prì:rékwəzit] **名** 必要条件、前提条件	⊛ 求人広告の文書に頻出する **形**「前もって必要な」
chamber [tʃéimbər] **名** 会議所、議院、部屋	⊗ 商工会議所は「the Chamber of Commerce and Industry」ともいう
exert [igzə́:rt] **動** 〜を発揮する、行使する、及ぼす	**例** exert a dominant influence「支配的な影響を及ぼす」 **名** exertion「努力、尽力、行使」
perennial [pəréniəl] **形** 永遠の、持続する、根強い	**例** remain perennial favorites「根強い人気を保つ」 ⊗「多年生植物、多年草」という意味もある
resurgence [risə́:rdʒəns] **名** 復活、復興、再開	**動** resurge「復活する、再生する」 **形** resurgent「復活する、再起の」
transient [trǽnʃənt, -ziənt] **形** 短期滞在の、一時的な	**類** temporary, short-term, brief **反** permanent, perpetual「永遠の」

321

全体的な質が高い

be high in o------- quality

322

個別の目標を設定する

set a p------- goal

323

教育の分野で職を探す

s------- a career in education

324

繰り返しの窮地に直面する

confront a recurring d-------

325

空のボトルを補充する

r------- an empty bottle

326

かすかな望みを抱く

hold a f------- hope

327

契約違反

i------- of a contract

328

提案を徹底的に批判する

r------- criticize the proposed plan

329

再確認の必要性を強調する

u------- the necessity of reconfirmation

330

見晴らしの良い地点から

from a v-------

overall 形 [óuvərɔ̀:l] 副 [óuvərɔ́:l] 形 全体的な	副「全体としては」 例 Overall, the economy is gradually improving.「全体として、経済は徐々に改善している」
personalized [pə̀:rsənəlàizd] 形 個別の、名前入りの	例 a personalized gift「名前入りの贈り物」 動 personalize「～を個人向けにする、名前を入れる」
seek [síːk] 動 ～を探す、求める	◎他動詞であると知っていることが大事 類 search for, look for
dilemma [dilémə] 名 窮地、難局	◎ラテン語由来の単語。「ジレンマ、ディレンマ」という日本語としても定着している
refill 動 [ri:fíl] 名 [ríːfil] 動 ～を補充する	名「おかわり、補給」 例 Would you like a refill?「おかわりはいかがですか?」
faint [féint] 形 かすかな	動「卒倒する」 副 faintly「かすかに、ぼんやりと」
infringement [infríndʒmənt] 名 違反、侵害	例 infringement of copyright「著作権侵害」 動 infringe「～を侵害する、違反する」
roundly [ráundli] 副 徹底的に、完全に	◎周囲をぐるりと取り囲んでいるイメージの言葉。そこから「徹底的に、完全に」という意味に発展する。勿論、「丸く」という意味もある
underline [ʌ́ndərlàin, --́-] 動 ～を強調する、下線を引く	例 underline important words「重要単語の下線を引く」 類 emphasize, stress, highlight, underscore
vantage [vǽntidʒ|váːn-] 名 見晴らしの良い地点、有利	◎元々は vantage point として使われていたものが、vantage の1語になったという説もある

331
役に立つ説明文
an informative c--------

332
スムーズな移行を促進する
f-------- a smooth transition

333
人件費を削減する
cut p-------- costs

334
事業に成功する
p-------- in business

335
重大な欠点を修正する
rectify serious s--------s

336
季節のごちそう
seasonal d--------ies

337
何でも信じる傾向にある
be i-------- to believe everything

338
不快にさせるコメントをする
make o-------- comments

339
静かな田舎の宿に滞在する
stay at a s-------- country inn

340
潜在能力を解き放つ
u-------- potential abilities

caption [kǽpʃən] 名 説明文、説明書き	図 「説明文」の他にも、新聞記事などの「表題、見出し」、映画やテレビなどの「字幕」という意味もある
facilitate [fəsílətèit] 動 ～を促進する、容易にする	名 facilitation「容易にすること、促進」 関 facilitator「進行役」
payroll [péiròul] 名 人件費、給与、従業員名簿	図 フレーズは、cut payroll でもOK be on the payroll「従業員名簿に載っている」→「雇用されている」
prosper [prάspər | prɔ́s-] 動 成功する、繁栄する	名 prosperity「繁栄、成功」 類 thrive, flourish
shortcoming [ʃɔ́ːrtkʌ̀miŋ] 名 欠点、欠陥、不十分な点	図 通常、複数形で使用する 類 drawback, weakness 関 come short of ～「～に達しない」
delicacy [délikəsi] 名 ごちそう、珍味	図 「繊細さ、優美さ、心遣い」という意味だけではなく、食べ物もあることを知っておきたい 空所は複数形のため delicacies となる
inclined [inkláind] 形 ～の傾向がある	図 be inclined to do の形での類義語は、be apt to, be prone to, be likely to 名 inclination「傾向、性向」
objectionable [əbdʒékʃənəbl] 形 不快にさせる、不愉快な	図 It is objectionable of 人 to do「人が～するのは不愉快だ」の形もある 類 unpleasant, disagreeable, undesirable, offensive
serene [səríːn] 形 静かな、穏やかな	類 tranquil, peaceful, calm 副 serenely「静かに、穏やかに」 名 serenity「静けさ、平穏」
unleash [ʌnlíːʃ] 動 ～を解き放つ、引き起こす	例 unleash unforeseen circumstances「予定外の事態を引き起こす」

341
主に資金不足のせいで
c-------- because of a lack of funds

342
夢に向かって努力する
s-------- for a dream

343
新しい会社のロゴを公表する
u-------- a new company logo

344
相乗効果を最大化する
maximize s--------

345
湿地を保護する
preserve w--------s

346
反時計回りに回転する
rotate c--------

347
南半球の出身である
come from the southern h--------

348
消費者の反感を招く
provoke a consumer b--------

349
急速に悪化する
d-------- rapidly

350
理想と現実を区別する
d-------- between ideals and reality

chiefly [tʃíːfli] 副 主に	⊗chiefly because SV「主にSがVするという理由で」の形もよく出る 類 mainly, mostly, primarily
strive [stráiv] 動 努力する	⊗strive to do「〜しようと努力する」の形もとる 類 struggle
unveil [ʌ̀nvéil] 動 〜を公表する、明らかにする	⊗un-「取る」+ veil「ベール」=「ベールを脱ぐ」→「明らかにする」
synergy [sínərdʒi] 名 相乗効果	😊 ビジネスでは、複数企業や企業内の複数部署が協力し合うことによって得られる効果を「シナジー効果」いう
wetland [wétlænd] 名 湿地、湿地帯	😊 Part 7で、湿地帯に住んでいる creature「生きもの」を守ろうという article があった
counterclockwise [kàuntərklákwaiz	-lɔ́k-] 副 反時計回りに、左回りに	形「反時計回りの、左回りの」 反 clockwise「時計回りに、右回りに」
hemisphere [hémisfiər] 名 半球、範囲、領域	例 use the right hemisphere of the brain「脳の右半球を使う」
backlash [bǽklæʃ] 名 反感、反発	例 trigger a backlash from shareholders「株主からの反発の引き金となる」
degenerate 動 [didʒénərèit] 形 [didʒénərət] 動 悪化する	形「悪化した、堕落した」 名 degeneration「悪化、堕落、衰退」 類 deteriorate, worsen
differentiate [difərénʃièit] 動 区別する、識別する	類 distinguish, discriminate, discern, tell

351

競合相手と合併する

m-------- with a competitor

352

キッチンを改装する

r-------- a kitchen

353

持ち主不明の手荷物

u-------- baggage

354

かなり大きな危険を招く

i-------- a sizable risk

355

書店の店主

the s-------- of a bookshop

356

彼は締切りを守らなかったとして私を責めた。

He a--------d me of having missed a deadline.

357

強い不満を和らげる

alleviate deep d--------

358

魅惑的な演奏

a c-------- performance

359

会社の政策からの逸脱

d-------- from the company policy

360

更なる情報を引き出す

e-------- further information

merge [mə́:rdʒ] 動 合併する、統合する	😺 他動詞扱いもするが、何故かTOEICには出ない 名 merger「合併」 例 mergers and acquisitions「合併買収」
remodel [ri:mádl｜-mɔ́dl] 動 〜を改装する	類 refurbish, renovate 関 reform「改善する、改革する」に「改装する、リフォームする」の意味はない
unclaimed [ʌ̀nkléimd] 形 持ち主不明の	関 unattended「付添人のいない、放置された」 例 unattended luggage「持ち主不明の荷物」
incur [inkə́:r] 動 〜を招く、被る、負う	例 incur estimated $500 loss「推定500ドルの損失を被る」
storekeeper [stɔ́:rkìːpər] 名 店主、商店経営者	✎ = 「someone who owns or manages a store」ということ 類 shopkeeper
accuse [əkjú:z] 動 〜を責める	😺 締切りをひとつ守らなかったくらいでは叱られないのがTOEIC界の常識
discontent [diskəntént] 名 不満、不平	形「不満な」 例 a discontent look「不満そうな顔つき」 反 content「満足(感)、満足している」
captivating [kǽptəvèitiŋ] 形 魅惑的な	類 fascinating, charming 動 captivate「〜を魅了する」
deviation [dìːviéiʃən] 名 逸脱、それること、偏り	動 deviate「それる、逸脱する、離れる」 例 deviate from the usual route「通常のルートからそれる」
elicit [ilísit] 動 〜を引き出す、生じさせる	例 elicit misunderstanding「誤解を生じさせる」 ✎ 顕在化していないものを引き出したり、生じさせるイメージの単語

| 361 | 廃棄物を再生エネルギーに変換する |
| | c------- waste into renewable energy |

| 362 | リサイクル計画を始める |
| | i------- a recycling plan |

| 363 | 手頃な値段で |
| | at a r------- price |

| 364 | 郡の税収 |
| | c------- tax revenue |

| 365 | 勤勉な働きをした従業員に報いる |
| | r------- employees for hard work |

| 366 | 顔文字を巧く使う |
| | use e-------s cleverly |

| 367 | 数値的な目標を設定する |
| | set n------- goals |

| 368 | 多額の寄付金 |
| | a large e------- |

| 369 | 用語集を参照する |
| | refer to the g------- |

| 370 | 安堵感を引き起こす |
| | i------- a sense of relief |

convert [動][kənvə́ːrt] [名][kánvəːrt｜kɔ́n-] 動 ～を変換する、変える	😊 野球などのスポーツのポジション変更「コンバート」はここからきている
initiate [iníʃièit] 動 ～を始める、開始する	形 initial「初めの、最初の」 副 initially「初めは、最初は」
reasonable [ríːzənəbl] 形 手頃な、合理的な、妥当な	例 reasonable terms「合理的な条件」 a reasonable request「妥当な要求」 類 affordable
county [káunti] 名 郡	例 province「州」と同様、行政区画と認識していればよい。country「国」と間違えないこと
reward [riwɔ́ːrd] 動 ～に報いる	✍ reward A with B「AにBで報いる」 名「褒美、褒賞、報奨金」
emoticon [imóutikɑn｜-kɔn] 名 顔文字	✍ emotion「感情」+ icon「アイコン」= emoticon「感情を表すアイコン」→「顔文字」
numerical [njuːmérikəl｜njuː-] 形 数値的な、数字上の	類 numeric 副 numerically「数字的には、数値的には」 例 be numerically equivalent「数字的には同等である」
endowment [indáumənt] 名 寄付(金)、寄贈	✍ donation も「寄付」だが、endowment は主に「寄付金」をいう 動 endow「～を提供する、～に寄付する」
glossary [glásəri｜glɔ́s-] 名 用語集、用語解説	✍ 同じく巻末にある情報として、index「索引」と table「表」も併せて覚えておくとよい
induce [indjúːs｜-djúːs] 動 ～を引き起こす、説得する	✍ induce 人 to do「人に～するよう説得する」 名 inducement「誘因、刺激」

371

環境被害を減らす

lessen e------- damage

372

ためらうことなくご連絡ください。

Please do not h------- to contact us.

373

準備期間中に

during the p------- period

374

会費を支払う

pay membership d-------

375

新たな立法を制定する

e------- new legislation

376

興味深い脚注を添える

add an intriguing f-------

377

研究費用を増やす

increase o-------s for research

378

科学における新時代を画する

mark an e------- in science

379

事実を誇張して言う

o------- the facts

380

新しい企業理念を広める

p------- a new corporate philosophy

environmental [invàiərənméntl, en-] 形 環境の、環境に関する	副 environmentally「環境的に、環境面で」 例 environmentally friendly「環境に優しい」
hesitate [hézətèit] 動 ためらう、躊躇する	形 hesitant「ためらいがちな、躊躇した」 名 hesitation「ためらい、躊躇」
preliminary [prilímənèri | -nəri] 形 準備の、予備の	名「(通常複数形で) 準備、予備、予選」 副 preliminarily「事前に、予め」 類 preparatory
dues [djú:z | djú:z] 名 会費	類 membership fee, membership expense 形 due「～する予定の、期限が来ている」
enact [inǽkt] 動 ～を制定する、成立させる	名 enactment「法律の制定、立法化」 反 repeal, revoke「～を無効にする、取り消す」
footnote [fútnòut] 名 脚注、補足説明	⊗footnote は annotation「注釈」の一種で、書籍などの本文の下欄に記す注記のこと
outlay [áutlèi] 名 費用、支出、経費	例 cut down on outlays「経費を削減する」 動「～を支払う」
epoch [épək | í:pɔk] 名 新時代、画期的な出来事	形 epochal「新時代の、画期的な」 関 epoch-making「画期的な、新時代を画する」
overstate [òuvərstéit] 動 ～を誇張して言う	名 overstatement「誇張して言うこと、大げさに言うこと」 類 exaggerate, overemphasize
propagate [prápəgèit | prɔ́p-] 動 ～を広める、伝える	⊗「繁殖する、増殖する」という意味もある 名 propagation「宣伝、普及、繁殖、増殖」

381	会社の社員名簿 the company d--------
382	理にかなった事業計画 a sound business s--------
383	新興企業を経営する run a s-------- business
384	姿勢が良い have good p--------
385	口頭による契約を結ぶ make a v-------- agreement
386	過去の遺産 the l-------- of the past
387	厄介な問題に対処する address a t-------- issue
388	厳しい検閲を課す impose strict c--------
389	適切な治療 d-------- treatment
390	貿易の不均衡を是正する redress an i-------- in trade

directory [diréktəri, dai-] 名 名簿、要覧	❖directly「直接に」と発音が似ているので、リスニングセクションで間違えないこと
scheme [skí:m] 名 計画、構想、概要	❖「スキーム」という日本語としてビジネス社会では定着している
start-up [stáːrtʌp] 形 新興の、新規の	❖名詞として「新規事業開始の企業」という意味で使われることも多い。左のフレーズは、run a start-upでも同じ意味になる
posture [pástʃər | pós-] 名 姿勢、態度、心構え	❖フィジカルな姿勢だけでなく、心理的な姿勢や心構えも表す
verbal [vɔ́ːrbəl] 形 口頭の	同 oral 反 written「書面の」 副 verbally「口頭で」
legacy [légəsi] 名 遺産	😊 筆者がかつて乗っていたレガシーという名車があった。この名称のスコッチウイスキーもある
troublesome [tráblsəm] 形 厄介な、手のかかる	❖人の性質も表す 例 a troublesome person「手のかかる人」
censorship [sénsərʃip] 名 検閲	動 名 censor「～を検閲する、検閲して削除する」「検閲官」
decent [díːsnt] 形 適切な、妥当な、まずまずの	❖descent「下降、降りること」と間違えないこと。人が「礼儀正しい、慎み深い、親切な」という意味もある
imbalance [imbǽləns] 名 不均衡、不安定	類 disproportion, unevenness, disparity 反 balance「均衡、調和、つり合い」

391

経済危機に段階的に発展する

e------- into economic crisis

392

高利益を生み出す

g------- a high profit

393

適切に患者を治療する

t------- patients appropriately

394

家畜を放牧する

pasture l-------

395

自動車の燃費

automobile m-------

396

乗客数の急上昇

a surge in r-------

397

他人と社交的に交際する

s------- with others

398

投資の収益性を損なう

i------- the profitability of an investment

399

寛大さを発揮する

exercise l-------

400

人間的な魅力を持ち合わせている

possess a personal m-------

escalate [éskəlèit] 動 段階的に発展する、深刻化する	◈ escalator「エスカレーター」からの逆成語 名 escalation「増大、拡大、上昇、深刻化」
generate [dʒénərèit] 動 〜を生み出す	関 generator「発電機」 関 generation「世代、同世代の人々」
treat [tríːt] 動 〜を治療する、扱う	名 treatment「治療、手当て、取扱い、処理」 類 remedy, cure, heal
livestock [láivstàk	-stɔ̀k] 名 家畜	◈ 牛や羊などを表す名詞で、複数形扱いであることに注意
mileage [máilidʒ] 名 燃費	◈ 航空会社のマイレージサービスは frequent flyer (flier) program という
ridership [ráidərʃip] 名 乗客数、利用者数	◈ バスや地下鉄などの特定の交通機関の乗客数や利用客数をいう
socialize [sóuʃəlàiz] 動 社交的に交際する	類 interact, mingle 形 sociable「社交的な」 名 socialization「社会化」
impair [impéər] 動 〜を損なう、害する	形 impaired「正常に機能しない、低下した」 例 impaired ability to concentrate「集中力の低下」
leniency [líːniənsi] 名 寛大さ、慈悲深さ	◈ lenience ともいう 形 lenient「寛大な、慈悲深い」 副 leniently「寛大に、慈悲深く」
magnetism [mǽgnətìzm] 名 魅力、人を惹きつける力	◈ 勿論、「磁気、磁力」の意味もある 動 magnetize「〜を惹きつける、魅了する」

🐼 3つの属性に分ける

語源は細かすぎて自分にはどうも向かないという人には、3つの属性にざっくりとグループ分けするという方法もあります。3つの属性というのは、「プラス」「マイナス」「ニュートラル」です。こう言われても何のことかピンとこないかもしれませんね。

プラスとは、前向きのイメージの言葉です。例えば、動詞を例にとってみると、「成功する」「改善する」「同意する」「進出する」など、形容詞では、「華やかな」「有望な」「素晴らしい」などです。名詞や副詞もイメージは同じです。

マイナスとは、後ろ向きのイメージの言葉です。動詞を例にとると、「挫折する」「反対する」「非難する」「撤退する」など、形容詞では、「不都合な」「延滞している」「絶滅寸前の」などです。名詞でも副詞でも考え方は同じです。

手順としては、プラスのイメージの単語グループと、マイナスのイメージの単語グループに分けてしまいます。そして、この2つに該当しないと感じる中立的な言葉をニュートラル群と位置付けて3つにグルーピングします。動詞を例にとると、「歩く」「観察する」「検討する」、形容詞では、「中間の」「外交上の」「財政的な」など、プラスにもマイナスにも感じられないイメージの単語です。

これらを3つに区分することは、結果的には語源で分けることに近くなります。というのも、実際にグルーピングしてみると分かるのですが、プラスの単語のスペル、マイナスの単語のスペルというのは、「顔つきが似ている」傾向があって、それは語源に通じるものがあるのですね。

3つの属性に分けるメリットは、数多くの単語をイメージでざっくり纏めることで、覚えるきっかけを作るということです。最初のうちはピントが合っていないイメージであっても、少しずつ輪郭が見えてくる感覚を味わえると思います。語源学習はまだ少し辛いという方は、是非、お試しください。

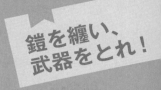
鎧を纏い、
武器をとれ！

Round 3

401 — 600

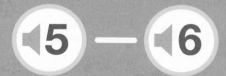

401

新しい戦略の採用

a------- of a new strategy

402

インタビューからの抜粋

an e------- from an interview

403

状況が悪化すれば

if conditions w-------

404

長期的なリスクを除外する

e------- a long-term risk

405

礼儀正しい口調で

in a r------- tone

406

批判をかき立てる

a------- criticism

407

同時通訳者

a s------- interpreter

408

新しい環境に慣れる

be a-------d to new surroundings

409

教育的な講話をする

deliver an instructive d-------

410

会社の政策を詳しく説明する

e------- the company's policy

adoption [ədápʃən | ədɔ́p-] 名 採用、選択	◈「養子縁組」という意味もある 動 adopt「〜を採用する、選ぶ」
excerpt [éksəːrpt] 名 抜粋、引用	🎧 リスニングセクションで、Part 4などの インストラクションでも使われている
worsen [wə́ːrsn] 動 悪化する	類 deteriorate, degenerate ◈他動詞扱いもする 例 worsen the economy「経済を悪化させる」
eliminate [ilímənèit] 動 〜を除外する、取り除く	名 elimination「除去、排除、撤廃」 類 remove, get rid of, displace
respectful [rispéktfəl] 形 礼儀正しい、丁寧な	副 respectfully「丁寧に、礼儀正しく」 動 respect「〜を尊敬する、尊重する」
arouse [əráuz] 動 〜をかき立てる、刺激する	例 arouse a crowd「群衆を刺激する」 ◈arise「起こる、生じる」と混同しないこと
simultaneous [sàiməltéiniəs | sìm-] 形 同時の、同時に起こる	副 simultaneously「同時に」 類 concurrent, synchronized
acclimate [ǽkləmèit, əkláimət] 動 〜を慣れさせる	◈acclimate A to B「AをBに慣れさせる」 類 acclimatize, familiarize, accustom
discourse [dískɔːrs, – ´] 動 [diskɔ́ːrs] 名 講話、講演、会話	動「語る、話す、論じる」 例 discourse eloquently「雄弁に語る」
expound [ikspáund] 動 〜を詳しく説明する	◈自動詞扱いで、expound on (upon) 〜 「〜を詳しく説明する」という用法もある

411

集会場

an a------- hall

412

7つのジャンルに音楽を分類する

c------- music into seven genres

413

長い交渉の後

after l------- negotiations

414

控えめな目標を設定する

set a m------- goal

415

悪天候で休暇が台無しになった。

Bad weather s-------ed my vacation.

416

誇大広告に注意する

b------- of exaggerated advertisements

417

全体として

in its e-------

418

贅沢に対してためらいを感じる

feel a------- toward luxury

419

宝石が埋め込まれた王冠

a crown with e-------ed jewels

420

ありそうにない筋書

an i------- scenario

assembly [əsémbli] 名 集会、集まり、会合	◎「組立」という意味も重要 例 an assembly line「(工場の)組立ライン」
categorize [kǽtəgəràiz] 動 ～を分類する、範疇に分ける	類 classify, sort 名 categorization「分類、カテゴリー化」
lengthy [léŋkθi, léntθi] 形 長い、冗長な	◎lengthy discussions「長い議論」など 類 lingering 反 brief, concise「短い、簡潔な」
modest [mάdəst, -dist ǀ mɔ́dist] 形 控えめな、適度な	◎「(人が)謙虚な」という意味もある 例 a modest person「謙虚な人」
spoil [spɔ́il] 動 ～を台無しにする、悪くする	◎有形無形のモノの価値や質を「損なう」という意味の単語
beware [biwéər] 動 注意する、用心する	◎beware that SV「SがVするということに注意する」の形もある
entirety [intáiərti] 名 全体、全部	◎フレーズは主語が複数なら「in their entirety」となる。時折、Part 5とPart 6に出題される
ambivalence [æmbívələns] 名 ためらい、相反する感情	形 ambivalent「相反する感情をもつ、曖昧な」 副 ambivalently「ためらって、曖昧に」
embed [imbéd] 動 ～を埋め込む、組み込む	◎「刻み込む」imprint, inscribe, carveなども意味的に近い 空所はembeddedとなる
implausible [implɔ́:zəbl] 形 ありそうにない、信じがたい	◎It is implausible that SV「SがVすることはありそうにない、SがVするとは信じがたい」の形もある

421

大胆な戦略を実行する

e-------- a bold strategy

422

交差点を渡る

cross an i--------

423

くじ引きで990ドルを当てる

win $990 in a l--------

424

更に詳しい情報は付録を見る

consult the a-------- for further details

425

外見上の明らかな違い

d-------- differences in appearance

426

がっかりさせる結果

d-------- results

427

親密な関係を築く

f-------- a close relationship

428

成功の基礎を築く

build a c-------- of success

429

ブランドの価値を下げる

d-------- a brand

430

ノートパソコンと周辺機器を売っている

sell laptop computers and p--------s

execute [éksikjùːt] 動 ～を実行する、遂行する	類 implement, practice, carry out, conduct, enforce, perform 名 execution「実行、遂行、達成、成就」
intersection [ìntərsékʃən, ´--`-] 名 交差点	😀 リスニングのグラフィック問題にマップが出たらこの単語に注意 動 intersect「交差する、交わる」
lottery [látəri	lɔ́t-] 名 くじ引き、抽選	例 choose by lottery「抽選で選ぶ」 😀 TOEIC L&Rテストの抽選方式だけは勘弁してくれ！
appendix [əpéndiks] 名 付録、付属物	😀 TOEICのメールには何かが添付されていることが多い 類 supplement, addendum
distinct [distíŋkt] 形 明らかな、独特な	❉ distinct flavor「独特の風味」 副 distinctly「はっきりと、明らかに」 類 distinctive, clear, obvious
discouraging [diskɔ́ːridʒiŋ	-kʌ́r-] 形 がっかりさせる	反 encouraging「励みになる、勇気を与える」 動 discourage「～を落胆させる」
forge [fɔ́ːrdʒ] 動 ～を築く、構築する	😀 「偽造する」「捏造する」という意味もあるがTOEICには出ない
cornerstone [kɔ́ːrnərstòun] 名 基礎、土台	❉ 元々は建物に欠かせない隅石や礎石をいう。そこから発展して比喩的に「基礎、土台」
devalue [diːvǽljuː] 動 ～の価値を下げる、低く評価する	類 devaluate 名 devaluation「価値の引き下げ」
peripheral [pərífərəl] 名 周辺機器	形「周囲の、周辺の、重要ではない」 類 accessory「付属物、付属品、装備品」

103

431

空気中から水分を吸収する

a-------- moisture from the air

432

音楽家志望者の素晴らしい演奏

a b------- performance by an aspiring musician

433

過剰なマスコミ報道

excessive media c--------

434

相互援助の精神を育成する

f-------- a spirit of mutual aid

435

有益な解説を提供する

provide informative c--------

436

実を結ばない交渉を中止する

cease f------- negotiations

437

国際市場に進出する

expand into the international m--------

438

山岳地帯に生息する

inhabit m------- areas

439

技術の普及

the p-------- of technology

440

ご自身を非難する必要はありません。

You don't have to r------- yourself.

absorb [æbsɔ́ːrb, -zɔ́ːrb | əb-] **動** ～を吸収する、緩和する	**形** absorbent「吸収性の」, absorbing「心を奪う、夢中にさせる」 **名** absorbency「吸収力、吸収性」
brilliant [bríljənt] **形** 素晴らしい、見事な、輝かしい	**副** brilliantly「鮮やかに、素晴らしく」 **名** brilliance「輝き、素晴らしさ、卓越」
coverage [kʌ́vəridʒ] **名** 報道、放送	◈多義語であり、「保険の補償範囲」の意味も重要 **例** full coverage against fire「火災に対する十分な保険の補償」
foster [fɔ́ːstər | fɔ́s-] **動** ～を育成する、促進する	😀 オーストラリアにFoster's Lagerという美味しいビールがある ◈「子供を育てる」という意味もある
commentary [káməntèri | kɔ́məntəri] **名** 解説、説明、実況中継	**例** carry commentaries on the Olympic Games「オリンピック大会の実況中継をする」
fruitless [frúːtlis] **形** 実を結ばない、無益な	**類** vain, unproductive **反** fruitful, productive
marketplace [máːrkitplèis] **名** 市場	◈市場 (しじょう) という概念的な意味と、場所としての市場 (いちば) という両方の意味がある
mountainous [máuntənəs] **形** 山岳の、山地の、巨大な	◈「山のように巨大な、沢山の」という意味もある **例** mountainous debts「山のように巨額の借金」
proliferation [prəlifəréiʃən] **名** 普及、拡散、蔓延、急増	◈良い意味にも悪い意味にも使われる **動** proliferate「増殖する、急速に普及する」
reproach [ripróutʃ] **動** ～を非難する、叱責する	◈reproach A for B「Bの理由でAを叱責する」 **名**「非難、叱責」 **類** reprimand, blame

105

441

徹底的な**検査をする**

make a t------- examination

442

好ましくない**条件**

u-------- conditions

443

空港の周辺のホテル

a hotel in the v-------- of the airport

444

美味しいごちそう

a delectable f--------

445

部門を跨いだプロジェクトを立ち上げる

launch an i-------- project

446

大家と話し合う

c-------- with a landlord

447

年少者向けの小説

j-------- fiction

448

難民を救済する

rescue r--------s

449

理論を実証する

s-------- a theory

450

輸出の急増

an u-------- in exports

thorough [θə́:rou｜θʌ́rə] 形 徹底的な、完全な	副 thoroughly「完全に、徹底的に」 例 thoroughly inspect「～を徹底的に調査する」
unfavorable [ʌ̀nféivərəbl] 形 好ましくない、不都合な	例 an unfavorable economic climate「好ましくない経済環境」 反 favorable「好ましい」
vicinity [visínəti] 名 周辺、近郊、近いこと、近接	😀 Part 7では、何かに「近い」ということが正解を手繰り寄せるキーワードになることが多い
feast [fíːst] 名 ごちそう、祝宴、饗宴	動「楽しむ」 例 feast on a beautiful scene「美しい景色を楽しむ」
interdepartmental [ìntərdipàːrtméntəl] 形 部門を跨いだ、部門間の	❀同じ会社や組織の中の部門ということ 例 interdepartmental rivalry「部門間の競争」
confer [kənfə́ːr] 動 話し合う、相談する	❀他動詞で「～を授与する」という意味もある 例 confer A on B「BにAを授与する」 名 conference「会議、相談、協議」 conferment「授与」
juvenile [dʒúːvənl｜-nàil] 形 年少者(向け)の、子供じみた	名「青少年、少年少女」 類 teenaged, adolescent, childish
refugee [rèfjudʒíː] 名 難民、避難者	❀the influx of refugees「難民の流入」はいつでも国際問題の的だ 関 refuge「避難、保護」
substantiate [səbstǽnʃièit] 動 ～を実証する、具体化する	類 prove, demonstrate 名 substantiation「立証、証明、具体化」
upswing [ʌ́pswiŋ] 名 急増、上昇、上向き	例 an economic upswing「経済の上昇」 be on the upswing「上向きである」

451	ガラスを割って警報装置を作動させてください。 A------- the alarm system by breaking the glass.
452	高価な設備を購入する purchase c------- equipment
453	環境にやさしい洗剤を使う use environmentally friendly d-------
454	移民の増加 an increase in i-------s
455	洗練されたスピーチをする deliver a p------- speech
456	壮観な滝 a spectacular c-------
457	排水溝を掘る dig a drainage d-------
458	最高傑作として最新映画を絶賛する t------- the latest film as a masterpiece
459	分かりにくい専門用語の使用を避ける avoid using u------- jargon
460	人類の英知を結集する concentrate the w------- of mankind

activate [ǽktəvèit] 動 〜を作動させる	❇「活性化する、活気を与える」という意味でも使われる　例 activate cultural exchange「文化交流を活性化する」
costly [kɔ́:stli	kɔ́s-] 形 高価な、費用のかかる	❇副詞ではないことに注意！ 名詞に「-ly」がつくと形容詞になるものがある　例 timely「時期を得た」friendly「親しみやすい」など
detergent [ditə́:rdʒənt] 名 洗剤	動 deterge「〜を洗い落とす、拭い去る」 類 cleaner「洗剤」 関 bleach「漂白剤」も出たことがある
immigrant [ímigrənt] 名 移民、移住者	動 immigrate「移住する」 関 immigration「移住、移民、入国管理」 ❇移民の問題は欧米では深刻だ
polished [pɑ́liʃt	pɔ́l-] 形 洗練された	動 polish「〜を磨く」から連想しやすい 類 cultivated, refined, civilized, sophisticated
cascade [kæskéid] 名 滝、滝状のもの	🐼 Part 1の写真描写やPart 7のツアーの紹介などに出てくる 類 waterfall
ditch [dítʃ] 名 溝、水路	動「〜に溝を掘る、〜を捨てる」 関 ditcher「溝掘り機」
tout [táut] 動 〜を絶賛する、勧める	例 a highly touted attorney「非常にお勧めの弁護士」 ❇Part 7のarticleに度々登場する単語
unintelligible [ʌnintélidʒəbl] 形 分かりにくい、理解できない	反 intelligible「分かりやすい、理解しやすい」 例 an intelligible explanation「分かりやすい説明」
wisdom [wízdəm] 名 英知、知恵、賢明であること	例 accumulate wisdom「知恵を蓄積する」 recognize the wisdom of the plan「計画が賢明であると認める」

461

10周年を祝う

commemorate the 10th a--------

462

新規制を実施する

e-------- new regulations

463

最新の便利な道具

the latest g--------

464

ミーティングの議長を務める

p-------- over a meeting

465

傾斜路を上がる

ascend a r--------

466

研磨剤で磨く

polish with an a--------

467

差し迫った問題に取り組む

tackle a p-------- issue

468

素晴らしい経験をもたらす

provide a-------- experiences

469

将来を思い描く

c-------- the future

470

海外からの投資を呼び込む

e-------- foreign investment

anniversary [æ̀nəvə́:rsəri] 名 周年、記念日	形「例年の、記念日の」 😊 TOEIC界ではアニバーサリーイベントは、毎日、何処かしらで行われている
enforce [infɔ́:rs, en-] 動 ～を実施する、施行する	名 enforcement「施行、実施」 例 enforcement of the law「法の施行」
gadget [gǽdʒit] 名 便利な道具、小型のアプリ	😊最近では「ガジェット」という日本語として定着している。gadgetryは不可算名詞で、「(集合的に)小道具類」をいう
preside [prizáid] 動 議長を務める	😊関 president「大統領、社長」には、「議長、司会者」の意味もある
ramp [rǽmp] 名 傾斜路、スロープ	😊a boarding ramp は飛行機のタラップ 関 ramp up～「～を増やす、強化する」
abrasive [əbréisiv] 名 研磨剤	形「研磨の、不快な、しゃくにさわる」 😊「-sive」は「～剤」になることがある 例 adhesive「接着剤」
pressing [présiŋ] 形 差し迫った、緊急の	類 urgent 😊「重要な (important)、しつこい (insistent)」という意味もある
awesome [ɔ́:səm] 形 素晴らしい、荘厳な	😊名詞 awe「畏敬」＋ some「形容詞を作る接尾辞」＝「畏敬の念を起こさせる」→「素晴らしい」
conceptualize [kənséptʃuəlàiz] 動 ～を思い描く、概念化する	名 concept「概念、考え、構想」 conceptualization「概念化」
entice [intáis] 動 ～を呼び込む、誘惑する	😊entice 人 to do「人を誘い込んで～する気にさせる」 名 enticement「誘惑、魅力」

111

471

寛大な寄付をする

make g------- donations

472

違いを強調する

h------- the difference

473

販売員にやる気を起こさせる

m------- a salesperson

474

堅苦しくない集まり

an i------- gathering

475

鋭い痛みを緩和する

r------- acute pain

476

無意味な議論

a p------- argument

477

経済成長の低迷

a s------- in economic growth

478

困惑させる質問

b------- questions

479

記事を要約する

d------- an article

480

直ぐに蒸発する

e------- quickly

generous [dʒénərəs] 形 寛大な、気前の良い	副 generously「気前よく、寛大に」 名 generosity「寛大さ」
highlight [háilàit] 動 ～を強調する	名「呼び物、目玉、ハイライト」 類 underline, emphasize, stress, underscore
motivate [móutəvèit] 動 ～にやる気を起こさせる	※名 motivation「やる気、意欲」は「モチベーション」というカタカナ語で日本語として定着している
informal [infɔ́ːrməl] 形 堅苦しくない、非公式の	※「in-(否定)」+「formal」なので、formal「正式な、堅苦しい」の反対 副 informally「非公式に」
relieve [rilíːv] 動 ～を緩和する、軽減する、救済する	名 relief「軽減、安心、救済、救援物資」 例 send refugees relief「避難民に救援物資を送る」
pointless [pɔ́intlis] 形 無意味な、要領を得ない	※It is pointless to do, It is pointless doing「～するのは無意味だ」の形も重要 副 pointlessly「無意味に、不適切に」
slowdown [slóudàun] 名 低迷、後退、鈍化	※動作や状態などのスピードが鈍ること、落ち込むことを指す。良い意味では使われない
baffling [bǽfliŋ] 形 困惑させる、不可解な	類 puzzling, confusing, bewildering 動 baffle「～を困惑させる」
digest 動 [daidʒést, di-] 名 [dáidʒest] 動 ～を要約する	※「(食べ物を)消化する」という意味もある 名「要約、ダイジェスト」
evaporate [ivǽpərèit] 動 蒸発する、消える	※比喩的に「消える」も使われる 例 Their enthusiasm has utterly evaporated.「彼らの熱意はすっかり消えてしまった」

113

481
鍵を置き忘れる
m-------- a key

482
不注意な見落とし
a careless o--------

483
列車は時間通りに運行する。
The train runs p--------.

484
臨床検査を行う
perform a c-------- examination

485
ある程度まで
to a certain e--------

486
偶然の通りすがりの人
a chance p--------

487
家庭ごみを捨てる
dispose of household r--------

488
保険金受取人
an insurance b--------

489
何でも知りたがる
be c-------- about everything

490
計画案を非現実的だとして退ける
dismiss the proposed plan as i--------

misplace [mispléis] 動 ～を置き忘れる、置き間違える	※フレーズは、文脈によっては「鍵を他の場所に置き間違える」という意味になる
oversight [óuvərsàit] 名 見落とし、過失、監視	動 oversee「～を監督する、監視する」＝ supervise ※動詞には「見落とす」という意味はない
punctually [pʌ́ŋktʃuəli] 副 時間通りに	形 punctual「時間を守る、期限通りの」 動 punctuate「～を中断させる、強調する」
clinical [klínikəl] 形 臨床の、臨床治療の	副 clinically「臨床的に」 例 clinically apparent「臨床的に明らかな」 名 clinic「診療所」
extent [ikstént] 名 程度、範囲、規模	例 the extent of liability「責任の範囲」 動 extend「拡げる、伸ばす」から連想して覚えよう
passerby [pǽsərbái | pɑ́:sə-] 名 通りすがりの人、通行人	※複数形は passersby となる 動 pass by「通り過ぎる、(月日が)流れる」
rubbish [rʌ́biʃ] 名 ごみ、廃棄物	例 collect rubbish「ごみを収集する」 類 garbage, trash, litter, waste
beneficiary [bènəfíʃièri] 名 受取人、受益者	※単なる受取人というよりは、何らかの制度や契約によって恩恵を受ける人を指す
curious [kjúəriəs] 形 知りたがる、好奇心に満ちた	例 with a curious look「好奇心に満ちた顔つきで」 副 curiously「物珍しそうに、奇妙にも」
impractical [imprǽktikəl] 形 非現実的な、実行困難な	副 impractically「非現実的に、実現性がなく」 反 practical「実際の、実務の、実用的な」

115

491
先入観なしに評価する
evaluate without b--------

492
より好都合な条件で
on more f------- terms

493
スケッチの作品集を持ってくる
bring a p-------- of drawings

494
温室ガスの排出を抑える
c-------- greenhouse gas emissions

495
歌詞の意味を説明する
explain the meaning of the l--------

496
青年期の始まりに
at the o-------- of adolescence

497
新しいオフィスは稼働している。
The new office is u-------- a-------- r--------.

498
取り消しできない決断をする
make an i-------- decision

499
巨大プロジェクトを組織化する
o--------- a huge project

500
他の人に簡単な仕事を任せる
r-------- the easy tasks to others

bias [báiəs] 名 偏見、先入観	形 biased「偏見を抱いた」⇔unbiased「偏見のない」→「公平な」 類 prejudice
favorable [féivərəbl] 形 好都合な、期待できる	副 favorably「都合よく、有利に」 例 look favorably on〜「〜を好意的に見る、賛成する」 類 agreeable, pleasing
portfolio [pɔːrtfóuliòu] 名 作品集	😺 有価証券のポートフォリオが有名だが、TOEICでは作品集
curb [kə́ːrb] 動 〜を抑える、制限する	名「縁石、抑制、制限」 📝Part 1では名詞の「縁石」しか出ない
lyrics [líriks] 名 歌詞、叙情詩	📝歌詞という意味では、song lyricsともいう 形 lyric または lyrical「叙情的な、叙情詩の」
onset [ánsèt, ɔ́ːn-|ɔ́n-] 名 始まり、開始、着手、発症	例 prevent the onset of a cold「風邪の発症を防ぐ」 類 beginning
up and running [ʌ́p ənd rániŋ] 形 稼働している、作動している	😺 Part 5で「up」のところが空所補充の正解だったことがある 類 in operation
irrevocable [irévəkəbl, irivóu-] 形 取り消しできない、変更不可の	📝revoke「〜を取り消す、無効にする」から連想しやすい 類 irreversible 反 revocable「取り消し可能な」
orchestrate [ɔ́ːrkəstrèit] 動 〜を組織化する、調整する	📝当然ながら、「オーケストラ (orchestra) 用に作曲する、編曲する」という意味もある
relegate [réləgèit] 動 〜を任せる、委任する	😺「追放する」「降格させる」というネガティブな意味もあるがTOEICには出ない

| 501 | 教授会を開催する |
| | hold a f------- meeting |

| 502 | 決断を延期する |
| | p-------- making a decision |

| 503 | 文化の違いを反映する |
| | r-------- a cultural difference |

| 504 | 変わりゆく環境の結果として生じる |
| | a------- as a result of changing circumstances |

| 505 | 石油資源を採掘する |
| | extract p-------- resources |

| 506 | 合成染料 |
| | s-------- dyes |

| 507 | 教育の重要性を過小評価する |
| | u-------- the importance of education |

| 508 | 見事な演奏 |
| | a d-------- performance |

| 509 | イタリア料理とイギリス料理を融合させる |
| | f-------- Italian and British dishes |

| 510 | 揺るがない決意 |
| | i-------- determination |

faculty [fǽkəlti] 名 教授(陣)、全教員、教職員	◈「才能、手腕」という意味も 例 a great faculty of management「素晴らしい経営の手腕」
postpone [pòustpóun] 動 ～を延期する	類 defer, put off, delay ◈後ろに動名詞をとる用法も抑えておく
reflect [riflékt] 動 ～を反映する、反射する	◈自動詞「熟考する」も頻出 名 reflection「反映、反射、影響、熟考、考え」
arise [əráiz] 動 生じる	◈rise「上がる、上昇する、騰貴する」と同様、自動詞の用法のみ。raise「～を持ち上げる、引き起こす、高める」は他動詞
petroleum [pətróuliəm] 名 石油	😊 石油は fossil fuel「化石燃料」の一種なので、TOEIC界では再生可能エネルギーに取って代わられる運命にある
synthetic [sinθétik] 形 合成の、人工の、総合的な	名 synthesis「統合、合成、合成物」 例 make a chemical synthesis「化学的な合成物を作る」
underrate [ʌ̀ndərréit] 動 ～を過小評価する	類 underestimate, undervalue 反 overrate, overestimate, overvalue「～を過大評価する」
dazzling [dǽzliŋ] 形 見事な、目が眩むような	例 a dazzling light「目が眩むような光」 動 dazzle「～の目を眩ませる、感嘆させる」
fuse [fjú:z] 動 ～を融合させる、結合させる	名 fusion「融合、統合、フュージョン」 例 a fusion of Japanese and Western cultures「日本と西洋文化の融合」
immovable [imú:vəbl] 形 揺るがない、変更できない	◈元々は「動かせない」という意味 副 immovably「断固として、不動で」

| 511 | 日本人に特有である |
| | be c------- of the Japanese |

| 512 | 卒業証書を授与する |
| | award a d------- |

| 513 | 大胆な政策を実行する |
| | i------- bold policies |

| 514 | ほとんど不可能に近い |
| | be n------- t------- impossible |

| 515 | 合併計画について公に発表する |
| | p------- announce the merger plan |

| 516 | 秩序ある社会 |
| | an o------- society |

| 517 | 観光で途中下車する |
| | make a s------- for sightseeing |

| 518 | 新製品を公開する |
| | r------- o------- a new product |

| 519 | 停滞し続ける |
| | continue to s------- |

| 520 | 決定を支持する |
| | u------- a decision |

characteristic [k`æriktəristik] 形 特有の、特徴的な	名「特徴、特性、特質」 例 distinctive characteristics「際立った特徴」
diploma [diplóumə] 名 卒業証書、賞状	😊「卒業証書、証明書」としては certificate も TOEIC 頻出なので、併せて覚えておきたい
implement [ímpləmènt] 動 ～を実行する、実践する	名 implementation「実行」 例 implementation of a strategy「戦略の実行」
next to [nékst tu] 前 ほとんど～に近い	💬 勿論、「～の隣に」という意味もある 例 next to each other「お互い隣り合って」
publicly [pʌ́blikli] 副 公に、公然と、公的に	例 publicly criticize「～を公然と批判する」 publicly funded organizations「公的資金を受けた組織」
orderly [ɔ́ːrdərli] 形 秩序ある、整頓された	名 order「秩序、整頓、命令、順番、注文」から連想しやすい 反 disorderly「無秩序の、不規則な」
stopover [stápòuvər	stɔ́p-] 名 途中下車、短期滞在	動 stop over「途中下車する、短期滞在する」 短期滞在の意味での 類 sojourn
roll out [róul áut] 動 ～を公開する、展開する	💬 roll は「転がる、進む、走る」が元の意味。そこから「着手する、始める」などの意味に広がる
stagnate [stǽgneit	-́-] 動 停滞する、沈滞する	形 stagnant「停滞した」 名 stagnation「不況、停滞、不景気」 例 economic stagnation「経済不況」
uphold [ʌ̀phóuld] 動 ～を支持する、守る	💬 物理的に「～を支える」の意味も 例 The pillars uphold the roof.「柱が屋根を支える」

121

521

産業の競争力を高める

enhance i------- competitiveness

522

注目に値する偉業

n------- achievements

523

従業員の生産性を高める

drive employee p-------

524

衛生的な環境で生活する

live in a s------- environment

525

失敗の連続

a s------- of setbacks

526

ブランド価値を高める

e------- brand value

527

社内の通達

an i------- memorandum

528

深刻な景気後退を引き起こす

p------- a serious recession

529

深刻な水不足

a severe s------- of water

530

評決の合理的理由

a rationale for a v-------

industrial [indʌ́striəl] 形 産業の、工業の	❌ industrious「勤勉な」と区別すること 名 industry「産業、工業、勤勉、努力」
notable [nóutəbl] 形 注目に値する、素晴らしい、有名な	例 a notable historical figure「歴史上の有名人」 副 notably「特に、著しく」
productivity [pròudʌktívəti, prɑ̀dək-｜pròd-] 名 生産性、生産力	形 productive「生産的な」 関 production「生産 (物)、製造 (物)」
sanitary [sǽnətèri｜-təri] 形 衛生的な、衛生の	例 sanitary measures in hospitals「病院における衛生対策」 名 sanitation「公衆衛生、衛生設備」
succession [səkséʃən] 名 連続、連なり、継承	例 succession of rights and duties「権利と義務の継承」 動 succeed「〜の後に続く、後を継ぐ、成功する」
elevate [éləvèit] 動 〜を高める、持ち上げる	❌「昇進させる」の意味も 例 be elevated to〜「〜 (役職) に昇進する」
interoffice [intərɔ́:fis, -ɑ́f-｜-ɔ́f-] 形 社内の、各部門間をつなぐ	❌ interdepartmental は、部門を横断的に跨ぐイメージで、少しニュアンスが異なる
precipitate 動 [prisípətèit] 形 [prisípətət, -tèit] 動 〜を引き起こす	形「大急ぎの、性急な」 例 a precipitate decision「性急な決断」
scarcity [skéərsəti] 名 不足、欠乏、希少性	形 scarce「不十分な、乏しい」 副 scarcely「かろうじて、やっと、ほとんど〜ない」
verdict [və́:rdikt] 名 評決、判決	❌ あまり形式ばらずに decision (決定) くらいのイメージで使われることもある

531	あらゆる要求を満たす f------- every demand
532	複雑なプロセスを簡略化する s------- a complicated process
533	出席者数を増加させる boost t-------
534	驚くべき成果を上げる achieve s------- results
535	究極の目標を達成する accomplish an u------- purpose
536	我々が提案を撤回すべきだと示唆する h------- that we should withdraw a proposal
537	読みやすい本を書く write a r------- book
538	かなり風変わりな映画 a fairly e------- film
539	独立企業 a f------- enterprise
540	人生を航海に例える l------- a life to a voyage

fulfill [fulfíl] 動 ～を満たす、実行する、実現する	類 meet, satisfy, accommodate, live up to 名 fulfillment「達成、実現、充足」
simplify [símpləfài] 動 ～を簡略化する、単純化する	類 streamline, make simpler, make easier
turnout [tə́:rnàut] 名 出席者(数)、生産高	例 a record turnout「過去最高の生産高」 類 attendance（出席者数） 類 output, production（生産高）
sensational [senséiʃənl] 形 驚くべき	※「センセーショナルな」という日本語として定着している 類 amazing, startling, astonishing, remarkable
ultimate [ʌ́ltəmət] 形 究極の、最高の、最終的な	名「最終結果、最高点、最高のもの、極み」 副 ultimately「最終的に、結局のところ」
hint [hínt] 動 ～を示唆する、ほのめかす	名「微量、ヒント」 例 a hint of vinegar「少量の酢」 a useful hint「役立つヒント」
readable [rí:dəbl] 形 読みやすい	※「能力的に読むことができる」という意味ではない 類 legible, easy to read, easy to understand
eccentric [ikséntrik] 形 風変わりな、奇抜な	名「奇人・変人」 😊 TOEIC界に奇人・変人はいないが無茶な人は結構いる
freestanding [frí:stændiŋ] 形 独立の、独立している	例 a freestanding house「独立している家」→「戸建ての家」 類 independent
liken [láikən] 動 ～を例える、なぞらえる	※liken A to B「AをBに例える」の形よりも、A is likened to B「AはBに例えられる」という受動態の方がよく使われる

125

541	医療機器を注文に応じて作る c-------- medical equipment
542	原本と複製2通 the original and two d--------s
543	リスク管理の重要性を主張する i------- on the importance of risk management
544	年代物の服 v-------- clothing
545	奇跡を目の当たりにする w-------- a miracle
546	志が同じ友達を探す find a l-------- friend
547	重要なデータを複製する r-------- important data
548	コンピューターの故障を修正する fix a computer g--------
549	数えきれないほどの困難を伴う entail i-------- difficulties
550	遠くに徐々に遠ざかる r------- into the distance

customize [kʌ́stəmàiz] 動 ～を注文に応じて作る	形 customizable「カスタマイズできる、特注できる」 類 personalize
duplicate 名 [djúːplikət | djúː-] 動 [djúːpləkèit | djúː-] 名 複製、写し	動「～を複製する」 名 duplication「重複、繰り返し、複写、複製」
insist [insíst] 動 主張する、力説する、求める	※insist that SV (原形)「SがVすると主張する」の形もとる 名 insistence「主張、要求」 形 insistent「執拗な、言い張る」
vintage [víntidʒ] 形 年代物の、由緒ある	※「ビンテージ」という日本語として定着している 例 vintage wine「ビンテージワイン、醸造年入りの上等なワイン」
witness [wítnis] 動 ～を目の当たりにする、目撃する	名「目撃者、証拠、証言」 😲 何かを偶然に目撃したり、経験したりすることで、意味的には experience が近い
like-minded [láikmáindid] 形 志が同じ、気の合う	※a like-minded community「志が同じのコミュニティ」は、まさしくTOEIC仲間達の世界!
replicate 動 [réplikèit] 名 [réplikət] 動 ～を複製する、再生する	名「再現、反復」 関 replica「複製品、模造品」
glitch [glítʃ] 名 故障、誤作動、異常	※TOEIC頻出単語では、malfunction が意味的に近い
innumerable [injúːmərəbl | injúː-] 形 数えきれないほどの、無数の	類 countless 反 numerable「数えることができる」 副 innumerably「数えきれないほど、無数に」
recede [risíːd] 動 徐々に遠ざかる、弱まる、薄れる	※徐々に消えていく、弱くなってくイメージの言葉 反 proceed「前に進む」

551	事務アシスタントを採用する
	recruit a c-------- assistant

552	映画でデビューする
	d-------- in a movie

553	おおよそ300人
	r------- 300 people

554	サーバーからデータを検索する
	r------- data from the server

555	新しい事業を始める
	u-------- a new enterprise

556	最新鋭の機器があったとしても
	e------- w------- advanced equipment

557	主流の文化の一部となる
	become part of the m-------- culture

558	お気に入りの楽曲を演奏する
	perform a favorite c--------

559	殺菌用の布で拭く
	wipe with a d-------- cloth

560	全員参加型の年次会議を延期する
	postpone the annual p-------- conference

clerical [klérikəl] 形 事務の	😺 名詞「事務員」「聖職者、牧師」の意味もあるが、TOEICでは常に事務員
debut [deibjúː, débjuː | déibjuː, débjuː] 動 デビューする	名「デビュー、初出演、初登場、お目見え」 😺 発音注意！デビュー！デバットではない
roughly [ráfli] 副 おおよそ	類 approximately 形 rough「おおよその、概略の」 例 a rough estimate「概算」
retrieve [ritríːv] 動 ～を検索する、取り戻す、償う	例 retrieve the lost time「失われた時間を取り戻す」 名 retrieval「検索、取り戻すこと」
undertake [ʌ̀ndərtéik] 動 ～を始める、引き受ける	類 assume, take on, embark on 名 undertaking「事業、仕事」
even with [íːvən wəð] 前 ～があったとしても、～にもかかわらず	😺 左のフレーズ訳は文脈によって「最新鋭の機器があるにもかかわらず」になる
mainstream [méinstrìːm] 形 主流の、本流の	名「主流、本流」 類 ordinary, popular, conventional
composition [kàmpəzíʃən | kɔ̀m-] 名 楽曲、作品、作文、組織、構造	動 compose「～を構成する、作る」 be composed of～「～から構成されている」
disinfectant [dìsinféktənt] 形 殺菌用の、殺菌作用のある	名「殺菌剤、消毒剤」 動 disinfect「～を殺菌する、消毒する」
plenary [plíːnəri, plén- | plíːn-] 形 全員参加(型)の、十分な、完全な	😺「強制的な全員参加」というよりは「全員が参加する必要がある」というイメージ 名「本会議、総会」

561

進行中のプロジェクトを率いる

lead an o-------- project

562

移転計画を撤回する

withdraw a r-------- plan

563

小説を標準中国語に翻訳する

t-------- a novel into Mandarin

564

基本方針を定める

d-------- a basic policy

565

州全体の会議

a s-------- conference

566

問題を解決する

d-------- a problem

567

迷惑をお詫びする

apologize for the n--------

568

社内デザイナーを配置する

d-------- in-house designers

569

ビザの発行

i-------- of a visa

570

他の誰よりも卓越している

be p-------- over all others

ongoing [ángòuiŋ | ɔ́n-] 形 進行中の、継続中の	◈「今まさに進行中」または「前から継続中」 というニュアンス 類 continuing
relocation [rì:loukéiʃən] 名 移転、転勤	動 relocate「〜を移転させる、移転する」 例 relocate overseas「海外に移転する」
translate [trǽnsleit, trǽnz-, –́–] 動 〜を翻訳する、通訳する	名 translation「翻訳、通訳」 関 translator「翻訳者、通訳者」
define [difáin] 動 〜を定める、定義する	◈define A as B「AをBと定義する」の形 も重要
statewide [stéitwáid] 形 州全体の	副「州全体にわたって」 関 nationwide, countrywide「全国的な、全 国的に」←いずれも国内を出ないことに注意!
dissolve [dizálv | -zɔ́lv] 動 〜を解決する、解散する、解消する	例 dissolve an organization「組織を解散 する」 dissolve a contract「契約を解消する」
nuisance [njú:sns | njú:-] 名 迷惑（な行為、人）	類 annoyance, inconvenience 😊 TOEIC界の迷惑はたいしたことではな い。大抵、騒音か水漏れか商品の延着だ
deploy [diplɔ́i] 動 〜を配置する、配備する	類 position, station 名 deployment「配置、配備、展開」
issuance [íʃuəns] 名 発行、配布、交付	類 issue とほぼ同じ意味だが、やや堅い表 現 動 issue「〜を出す、発行する」
preeminent [priémənənt] 形 卓越した、傑出した、極めて重要な	関 preeminent considerations「極めて重 要な検討事項」 名 preeminence「卓越、傑出、優位」

571	伝えられるところによると、噂は真実だった。 R--------, the rumor was true.
572	海外に子会社を設立する establish a s-------- overseas
573	考え直すよう相手方に促す u-------- the counterpart to reconsider
574	新しい作業靴を支給される be o--------ed with new work shoes
575	温度計を見る consult a t--------
576	きっぱりと否認する issue an outright d--------
577	輸入品に関税を課す impose t--------s on imports
578	議定書に署名する sign a p--------
579	それは真実に違いないと推測する s-------- that it must be true
580	説明のつかない苛立ちを覚える feel u-------- irritation

reportedly [ripɔ́ːrtidli] 副 伝えられるところによると	◈ according to the reports と同じ意味 類 allegedly, reputedly
subsidiary [səbsídièri | -diəri] 名 子会社	形「補助の、二次的な」 例 a subsidiary role「補助的な役割」
urge [ə́ːrdʒ] 動 〜に促す、せきたてる	◈ urge that SV「SがVするよう促す」の形 も取り、この場合は that 節内は仮定法現在 の適用を受けて動詞は原形となる
outfit [áutfit] 動 〜を支給する、〜に装備させる	名「衣服、道具一式」 類 equip, furnish, provide, supply 空所は outfitted となる
thermometer [θərmámətər | -mɔ́m-] 名 温度計、体温計	◈ 体温計の場合、温度計や寒暖計と区別す るために、clinical thermometer ともいう
denial [dináiəl] 名 否認、否定、拒否、拒絶	動 deny「〜を否認する、拒む」 ◈ deny doing「〜することを拒む」deny that SV「SがVすることを否定する」の形 も重要
tariff [tǽrif] 名 関税	😊 TOEIC に登場する意味では「関税」が 圧倒的に多いが「料金表」の意味もある
protocol [próutəkɔ̀ːl | -kɔ̀l] 名 議定書、協定、議事録、儀礼	◈「儀礼」という意味においては不可算名詞 例 diplomatic protocol「外交上の儀礼」
surmise [sərmáiz] 動 〜と推測する	◈ 大抵の場合、直後に that 節を伴う 名「推測、推量、憶測」
unaccountable [ʌ̀nəkáuntəbl] 形 説明のつかない、不可解な	◈「責任がない」という意味もある 副 unaccountably「どういうわけか、不可 解なことに」

581	人類学の学位
	a d------- in anthropology

582	主な目標を達成する
	achieve a p------- goal

583	業務範囲を狭める
	narrow the s------- of service

584	数字を丸で囲む
	c------- a number

585	フェンスで囲まれた区域
	an area e------- by fences

586	殺虫剤を使用せずに
	without the use of p-------s

587	新しい需要をもたらす
	t------- new demand

588	規律を確立する
	establish d-------

589	優柔不断な態度
	an i------- attitude

590	再編計画を見直す
	review a r------- plan

degree [digríː] 名 学位、程度、度合い	例 a master's degree「修士号」 a bachelor's degree「学士号」 to some degree「ある程度は」
primary [práimeri | -məri] 形 主な、最初の、初等の	例 a primary school「小学校」 副 primarily「主に、第一に、当初は」
scope [skóup] 名 範囲、領域、余地	動「〜をよく見る、注意深く調べる」 類 range, extent
circle [sə́ːrkl] 動 〜を丸で囲む	◆Part 7のアンケート用紙の評価項目で登場する。大抵の場合、1から5のどれかを丸で囲む
enclosed [inklóuzd] 形 囲まれた、同封されている	◆動詞のencloseには「〜を同封する」だけでなく「〜を囲む、取り囲む」という意味もあると覚えておこう
pesticide [péstəsàid] 名 殺虫剤	◆語尾の「cide」は殺すという意味 😊 suicide「自殺」はTOEICには絶対出ない
trigger [trígər] 動 〜をもたらす、誘発する	名「引き金、誘因、きっかけ」 ◆「トリガー」という名詞で日本語として定着しているが、TOEICでは動詞の用法が重要
discipline [dísəplin] 名 規律、訓練、領域	例 neglect discipline「訓練を怠る」 an academic discipline「学問の一領域」 動「〜を訓練する、しつける」
indecisive [indisáisiv] 形 優柔不断な、決断力のない	例 be indecisive about everything「何事にも決断力を欠く」
realignment [riːəláinmənt] 名 再編、再調整	動 realign「〜を再編する、再調整する」 関 alignment「連携、提携、整列、調節」

591

近所の飲食店に頻繁に通う

frequent a nearby e--------

592

くじで一等賞を引く

draw the first prize in a r--------

593

相互信頼を強化する

s-------- mutual trust

594

経済の衰退を止める

h-------- an economic decline

595

問題解決の手順

t-------- procedures

596

密接な連携を維持する

maintain close a--------

597

オンラインセミナーを定期的に主催する

host a w-------- regularly

598

読み書きができる子供達

l-------- children

599

思い出の品として

as a m--------

600

最低レベルに下落する

t-------- to the lowest level

eatery [í:təri] 名 飲食店、レストラン	😀 Part 7では、類 restaurant, bistro, dining establishmentとの言い換えに注意しよう
raffle [ræfl] 名 くじ	😀 TOEIC界では何かのサービスに登録すると自動的にくじ引きにエントリーされる 類 drawing, lottery
strengthen [stréŋkθən] 動 〜を強化する、強める	名 strength「力、強さ、強味、長所」 類 enhance, reinforce, fortify, consolidate
halt [hɔ́:lt | hɔ́:lt, hɔ́lt] 動 〜を止める、中止する	名「(一時的な) 停止、休止、休息」 例 a halt in production「生産の (一時) 停止」
troubleshooting [trʌ́blʃù:tiŋ] 名 問題解決	❊ trouble「問題、厄介事」を shoot「撃つ」イメージで覚えよう
alignment [əláinmənt] 名 連携、提携、整列、調節	動 align「〜を連携させる、提携させる、整列させる、調節する」
webinar [wébənà:r] 名 オンラインセミナー	❊ web + seminar からできた造語が一般的使われるようになった例であり、TOEICにも度々登場する
literate [lítərət] 形 読み書きができる、教養のある	反 illiterate「読み書きができない、無学の」 名 literacy「読み書き能力」
memento [məméntou, me-] 名 思い出の品、記念品	❊ memorabilia と異なり、こちらは単数扱い 類 memorial, souvenir
tumble [tʌ́mbl] 動 下落する、転落する	例 tumble off a ladder「梯子から転落する」 名「下落、転落」

電子辞書を活用する

　辞書の活用は記憶の定着に大きく貢献します。単語を単語集と違う媒体で再度確認することができる、単語を調べるという能動的な行動が脳を刺激する、などのメリットがあります。

　紙の辞書もスマートフォンの辞書も捨てがたいのですが、電子辞書を推奨します。紙の辞書はご自宅で使用する分には問題ないのですが、持ち運びには不向きです。1冊ではなく、英和辞典、和英辞典、英英辞典、類義語辞典、活用辞典などの辞書を全て鞄に入れて持ち歩くのは実質不可能です。

　また、スマートフォンは通信状態によってはストレスなく使うことができない場合も考えられますし、充電できない状況では電池切れもあり得ます。そもそも、単語を調べたり、覚えたりすることに特化したデバイスではありませんから、本来の主たる役割が優先されてしまいがちです。

　電子辞書はコンパクトでモビリティに優れていますし、多くは電池式ですから、Wi-Fiを探す必要もありませんし、予備電池を併せて持ち歩いていれば電源喪失のリスクもありません。そして、便利な機能がついています。

　中でもおすすめなのは、複数の辞書の一括検索機能と、過去に自分が調べた単語を再確認できるヒストリー機能です。前者は、その電子辞書に搭載されている全ての辞書を使って一括検索する機能で、これを紙の辞書でやろうとすると大変な労力が必要となります。ヒストリー機能は過去に自分が調べた単語を呼び出すことができる機能で、移動時間などにこれを何度も見返していると覚えてしまうこともあります。

　今の時代、電子辞書というと古くさいイメージがあるかもしれませんが、是非、お試しください。自ら調べる、という主体的な行動が好奇心を刺激し、知らず知らずのうちに、単語の知識の幅を広げ、その定着に貢献してくれます。

Round 4

601 — 800

◀7 — ◀8

601

大学講師として

as an a--------

602

広い大通りを横切る

cross a wide b--------

603

地元の地域社会を活性化する

r-------- local communities

604

会話を続ける

carry on a d--------

605

経済成長の指標

an i-------- of economic growth

606

断定的な口調で話す

speak in an a-------- tone

607

布張りの家具

u-------- furniture

608

事実を確かめる

a-------- the facts

609

否定的な意味合いを持っている

bear a negative c--------

610

幾つかの岩を取り除く

d-------- several rocks

academic [ækədémik] 名 大学講師、研究者、学者	形 「教育機関の、学問好きな、学問的な」 ❀形容詞のみならず人を表す名詞であることも覚えておこう
boulevard [búləvà:rd | bú:lvà:d] 名 大通り、広い並木道	❀通りの名称としても多用され、その場合、Blvd. と略されることもある 例 Hollywood Blvd. 「ハリウッド大通り」
revitalize [ri:váitəlaiz] 動 ～を活性化する、再生する	名 revitalization 「活性化、再生」 関 vitality 「活力、元気」から連想しやすい
dialogue [dáiəlò:g, -làg | -lòg] 名 会話、対話、話し合い	例 dialogue between labor and management 「労使間の対話」 類 conversation, discourse
indicator [índikèitər] 名 指標、尺度	❀「表示器、指示計器、メーター」の意味もあるが、TOEIC では「指標」が重要
assertive [əsə́:rtiv] 形 断定的な、独断的な	副 assertively 「断定的に、はっきりと」 反 submissive 「従順な、服従的な」
upholstered [ʌphóulstərd, ʌpóu-] 形 布張りの、革張りの	❀フレーズ訳は「革張りの家具」でもよい。高級な家具の説明に登場することが多い 動 upholster 「～に布張りをする」
ascertain [æ̀sərtéin] 動 ～を確かめる、究明する	❀後ろに that 節や whether 節を従える形もよく見られる 類 make sure, find out, make certain
connotation [kànətéiʃən | kɔ̀n-] 名 意味合い、言外の意味	類 implication 形 connotative 「含みのある」 副 connotatively 「暗示的に」
dislodge [disládʒ | -lɔ́dʒ] 動 ～を取り除く、追い出す	❀dis 「否定」＋ lodge 「宿泊させる」＝「宿泊させない」→「追い出す」 類 remove, get rid of, displace

611

天文学を専攻する

specialize in a--------

612

現代文学を研究する

study c-------- literature

613

財務顧問を雇う

employ a f-------- advisor

614

委員会を招集する

c-------- a committee

615

未公開映像を観る

see unreleased f--------

616

冷笑的な態度

a c-------- attitude

617

火を消す

e-------- a fire

618

アクション映画が大好きである

a-------- action movies

619

合併案に反対する

d-------- the proposed merger

620

重大な機能障害を引き起こす

cause significant d--------

astronomy [əstrάnəmi | trɔ́n-] 名 天文学	形 astronomical「天文学の、天文学的な」 関 astronomer「天文学者」 astronaut「宇宙飛行士」
contemporary [kəntémpərèri | -rəri] 形 現代の、同時代の	▨ contemporary architecture「現代建築」 芸術作品や建築物などを修飾する形容詞として頻出する
financial [finǽnʃəl, fai-] 形 財務の、財政の	▨ CFO「最高財務責任者」は chief financial officer の略称
convene [kənvíːn] 動 ～を招集する、集める	▨「集まる、招集される、開催される」という意味の自動詞もある 関 convention「大会、集会」
footage [fútidʒ] 名 映像、場面	関 filming「(映画) 撮影」 shooting「(写真・映画) 撮影」
cynical [sínikəl] 形 冷笑的な、皮肉的な	例 be cynical of everything「何事にも皮肉的である」 ▨「シニカルな」という日本語として定着している
extinguish [ikstíŋgwiʃ] 動 ～を消す、消滅させる	例 extinguish all debts「全ての負債を消滅させる」 関 a fire extinguisher「消火器」
adore [ədɔ́ːr] 動 ～が大好きである、～を崇拝する	▨ adore doing「～するのが大好きだ」の用法も重要 類 admire 形 adorable「魅力的な、愛らしい」
disapprove [dìsəprúːv] 動 ～に反対する、不賛成である	▨ 自動詞として of を伴う場合もある 例 disapprove of～「～に反対である」 名 disapproval「反対、不賛成」
dysfunction [disfʌ́ŋkʃən] 名 機能障害、機能不全	▨ dys「異常、悪化、不良」+ function「機能」=「機能障害、機能不全」

143

621
実行可能な戦略を策定する
c------- a viable strategy

622
最新版
the latest e-------

623
差し迫った危機
i------- crisis

624
医療に関する新しい法律を起案する
draft new l------- on healthcare

625
不要な情報を含めない
o------- unnecessary information

626
強制的な参加を指示する
d------- compulsory participation

627
ほんの僅かな時間
only a f------- of the time

628
気まずい沈黙
an a------- silence

629
異文化間の調和を促進する
promote i------- harmony

630
市場に長引く
l------- on the market

craft	名「工芸 (品)、船、飛行機」
[krǽft | krά:ft]	関 craftsmanship「職人技」
動 ~を策定する、念入りに作る	

edition	題 issue, version, volume
[idíʃən]	動 edit「~を編集する、監修する」
名 版	関 editor「編集長、編集者」

impending	動 impend「(危険などが) 差し迫る」
[impéndiŋ]	題 imminent
形 差し迫った	

legislation	◆不可算名詞であることに注意
[lèdʒisléiʃən]	動 legislate「法律を制定する」
名 法律、法律制定、立法行為	

omit	名 omission「見落とし、脱落、省略」
[oumít, əmít]	題 eliminate, except, exclude, leave out
動 ~を含めない、省く、入れ忘れる	

dictate	◆「~を書き取らせる」の意味も
[díkteit, –́– | díktéit]	名 dictation「書き取り、ディクテーション、口述、指示、命令」
動 ~を指示する、命令する	

fraction	例 at a fraction of the cost「少しの費用で」 a fraction「(副詞的に) 少し」
[frǽkʃən]	
名 僅か、少し	

awkward	◆「厄介な、難しい、不都合な」などの意味もある多義語
[ɔ́:kwərd]	副 awkwardly「ぎこちなく、気まずく、不自然に」
形 気まずい、ぎこちない、下手な	

intercultural	◆intercultural exchangeは「異文化間の交流」から「国際交流」と訳されるようになった
[intərkʌ́ltʃərəl]	
形 異文化間の	

linger	◆「市場に長引く」とは、「売れ残る」ということ
[líŋgər]	題 procrastinate, lag
動 長引く、ぐずぐずする	形 lingering「延々と続く」

631
驚くべき能力を発揮する
exercise a m-------- capacity

632
栄養がある食事を用意する
prepare a n-------- diet

633
慈善活動を開始することを勧める
r-------- setting up a charity

634
試験的なプロジェクトを実施する
run a p-------- project

635
スピーチの練習をする
r-------- a speech

636
更なる議論に値する
m-------- further discussion

637
豊富な資源
p-------- resources

638
国内市場を支配する
g-------- a domestic market

639
ファッションに無関心である
be i-------- to fashion

640
懸念を緩和する
m-------- concerns

marvelous [má:rvələs] 形 驚くべき、素晴らしい	◈感嘆文にも頻繁に使われる 例 What a marvelous idea!「なんて素晴らしい考えでしょう」
nutritious [nju:tríʃəs | nju:-] 形 栄養がある、栄養価が高い	名 nutrition, nourishment「栄養（素）」 動 nourish「～に栄養を与える、～を育てる」
recommend [rèkəménd] 動 ～を勧める、推薦する	形 recommendable「推薦できる」 名 recommendation「推薦（状）」 例 deserve recommendation「推薦に値する」
pilot [páilət] 形 試験的な、実験的な	名「パイロット」 動「～を操縦する」 類 trial, experimental, test
rehearse [rihə́:rs] 動 ～の練習をする、稽古をする	◈自動詞用法もあり「練習する」 類 practice, run through 名 rehearsal「リハーサル、予行演習、練習」
merit [mérit] 動 ～に値する	類 deserve, be worthとの言い換えに注意！ 名「価値、功績、長所」
plentiful [pléntifəl] 形 豊富な、有り余るほどの	副 plentifully「豊富に、たっぷりと」 類 plenty of～「たくさんの～、十分な」
govern [gʌ́vərn] 動 ～を支配する、管理する	名 government「政治、統治、政府」 関 governor「知事、総裁、理事」
indifferent [indífərənt] 形 無関心な、興味のない	◈質や量が「ほどほどの」、態度や意見が「中立の、公平な」という意味もある 名 indifference「無関心、中立」
mitigate [mítəgèit] 動 ～を緩和する、軽減する	名 mitigation「緩和、軽減」 類 alleviate, ease, relieve

641

写真撮影を控える

r-------- from taking pictures

642

余剰在庫を抱える

carry s-------- inventory

643

都会の農業事業に資金提供する

fund u-------- agriculture projects

644

返事は不要です。

No R-------- is necessary.

645

郊外の通勤者

s-------- commuters

646

潜在的なリスクをもたらす

p-------- a potential risk

647

半導体産業

the s-------- industry

648

厄介な仕事を引き受ける

take on a b-------- task

649

劇的に価値が下がる

d-------- drastically

650

嫌悪を感じる

feel d--------

refrain [rifréin] **動** 控える、慎む	◈自動詞であると覚えておくことが重要 **名** 「反復句、リフレイン」
surplus [sə́:rplʌs ǀ -pləs] **名** 余剰、余り、黒字	**例** surplus in labor force「余剰人員」 **類** excess
urban [ə́:rbən] **形** 都会の、都市の	**関** metropolitan「大都市の」 suburban「郊外の」 rural「田舎の、地方の」
RSVP [á:resvi:pí:] **名** 返事	◈フランス語の「repondez s'il vous plait」の略。知っていればどうということもないが、知らないとテスト中に悩む
suburban [səbə́:rbən] **形** 郊外の、郊外に住む	**名** 「郊外居住者」 **関** suburb「郊外」=outskirts
pose [póuz] **動** 〜をもたらす、引き起こす	◈「〜を提出する」という意味も **例** pose questions「質問を提出する」→「質問する」
semiconductor [sèmikəndʌ́ktər] **名** 半導体	◈半導体は導体と絶縁体との言わば中間なので「semi（半分、中間）」が使われている
burdensome [bə́:rdnsəm] **形** 厄介な、重荷となる	◈burden「重荷」 + some「〜を生じさせる」=「重荷となる」 **類** troublesome
depreciate [diprí:ʃièit] **動** 価値が下がる	**名** depreciation「価値の下落、低下」 **反** appreciate「価値が上がる」
disgust [disgʌ́st] **名** 嫌悪、反感、むかつき	**動** 「〜の気分を悪くする、嫌悪感を抱かせる」 **例** be disgusted that SV「SがVすることに嫌悪感を覚えている」

651	郵便料金込みで **including p--------**
652	安定した利益を生み出す **generate s-------- profits**
653	卸売り業者 **a w-------- dealer**
654	校正作業を終了する **finish p--------**
655	初開催の討論会に参加する **partake in the inaugural s--------**
656	そらで詩を朗読する **r-------- a poem from memory**
657	継続的な受注に応じる **accept a s-------- order**
658	パンデミックの脅威と闘う **c-------- a pandemic threat**
659	人間工学に基づく椅子を設計する **design an e-------- chair**
660	調査結果と矛盾する理論 **a theory i------- with the findings**

postage [póustidʒ] 名 郵便料金	※a shipping fee「配送料」とa handling fee「取扱手数料」も併せて覚えておきたい
stable [stéibl] 形 安定した、不変の	類 steady 副 stably「安定して」 名 stability「安定性、信頼性」
wholesale [hóulsèil] 名 卸売り	形「卸売りの」 副「卸売りで」 動「〜の卸売りをする」全て同じ綴り 反 retail「小売り」
proofreading [prú:fri:diŋ] 名 校正(作業)	動 proofread「〜を校正する」自動詞「校正する」もある 😊 この本の校正もさぞかし大変だったろうなあ
symposium [simpóuziəm] 名 討論会	※複数形は symposia または symposiums となる。「シンポジウム」は日本語として定着している
recite [risáit] 動 〜を朗読する、暗唱する	※re「再び」+ cite「呼び起こす」が原義 名 recital「リサイタル、独奏会、演奏会」
standing [stǽndiŋ] 形 継続的な、常設の、立ったままの	※「standing order」は、例えば、毎月ペンを10ダース、というような定期的な注文の仕方をいう
combat [kəmbǽt, kámbæt|kómbæt, kám-] 名 [kámbæt|kóm-] 動 〜と闘う、戦う、〜に対抗する	名「闘い、戦闘」 😊 筆者は「コンバット」というアメリカのテレビ番組が大好きだった
ergonomic [ɔ̀:rgənámik |-nɔ́m-] 形 人間工学に基づく、人間工学の	😊 名詞の ergonomics「人間工学」と同様、Part 7に時折登場する難単語
incompatible [inkəmpǽtəbl] 形 矛盾する、両立しない	※コンピューターやソフトウエアなどに「互換性がない」という場合にも incompatible を使う

661
990ドルの手付金を支払う
pay a d-------- of $990

662
たくさんの費用を伴う
e-------- a lot of costs

663
のんびりとした週末を満喫する
enjoy a l-------- weekend

664
暫定的な政策
an i-------- policy

665
前任者が多くの問題を残していった。
My p-------- left a lot of problems.

666
他の全ての候補者に勝る
p-------- all other candidates

667
適切な後任者を探す
look for a suitable s--------

668
ファッション業界の中心
the e-------- of the fashion industry

669
ロンドンへの訪問を差し控える
f-------- the visit to London

670
著しく誤解を招きやすい説明
a g-------- misleading explanation

deposit [dipázit | -póz-] 名 手付金、内金、預金	🔮 TOEIC界では、預金よりも、手付金の意味で使われることが多い。残金は商品の到着時、サービスの完了時に支払うことになる
entail [intéil] 動 ～を伴う、必要とする	⭐entail doing「～することを必要とする」の形もある 類 require, necessitate, demand
leisurely [líːʒərli | léʒ-] 形 のんびりとした	⭐「ly」で終わっているが、副詞だけでなく形容詞でもあることに注意 副「のんびりと」
interim [íntərəm] 形 暫定的な、一時的な、中間の	例 an interim report「中間報告」 名「しばらくの間、仮決定、暫定措置」
predecessor [prédəsèsər | príː-] 名 前任者、先任者	反 successor, replacement「後任者」 🔮 TOEIC界では前任者と後任者の引継ぎ期間が設けられることが多い
precede [prisíːd] 動 ～に勝る、先行する	形 preceding「先行する、前述の」 反 follow「～に続く、次に来る」 反 fall behind「遅れる、後れをとる」
successor [səksésər] 名 後任者、相続人	⭐成功者ではない。「成功者」はsuccess 類 replacement（後任者） 類 inheritor, heir（相続人）
epicenter [épəsèntər] 名 中心、発生地	⭐地震の震源地の意味もある 🔮 TOEIC界ではハリケーンや水災は起こるが、地震は滅多に起こらない
forgo [fɔːrgóu] 動 ～を控える、なしで済ませる、諦める	例 forgo a college degree「大学の学位を諦める」 類 do without, go without
grossly [gróusli] 副 著しく、極めて	⭐grossly understaffed「著しく人員不足な」grossly unfair「極めて不公平な」など、良い意味にはあまり使われない

671

包括的なアプローチ

an i-------- approach

672

物凄い拍手喝采を受ける

get a tremendous o--------

673

全ての必須条件を兼ね備えている

possess all r-------s

674

工場管理者に任命される

be appointed a factory s--------

675

垂直の壁

a v-------- cliff

676

斬新な考えを思いつく

conceive a n-------- idea

677

他社をしのぐ

s-------- other companies

678

幹線道路を通行不能にする

make the highway i--------

679

長寿の秘訣を学ぶ

study reasons for l--------

680

忍耐力を発揮する

display p--------

inclusive [inklú:siv] 形 包括的な、〜を含んでいる	例 be inclusive of accommodation「宿泊費を含んでいる」 動 include「〜を含む」
ovation [ouvéiʃən] 名 拍手喝采、大喝采	▨ a standing ovation「スタンディングオベーション (総立ちの拍手喝采)」は日本語として定着している
requisite [rékwəzit] 名 必要条件	▨ 通常、複数形で使われる 形「必須の、必要な」 類 prerequisite
superintendent [sù:pərinténdənt] 名 管理者、監督	例 a building superintendent「ビルの管理人」 関 superintendence「管理、監督」superintendency「管理者の職」
vertical [vá:rtikəl] 形 垂直の、縦の	反 horizontal「水平の」 例 horizontal axis「横軸 (水平軸)」
novel [návəl│nɔ́v-] 形 斬新な、今までにない	名「小説」 関 novelty「斬新さ、奇抜さ、ノベルティ」
surpass [sərpǽs│-pá:s] 動 〜をしのぐ、超える、勝る	形 surpassing「非常に優れた、並々ならぬ」 副 surpassingly「並外れて」 類 exceed, be superior to, top, outstrip
impassable [impǽsəbl│-pá:s-] 形 通行不能の、克服できない	例 impassable obstacles to successful negotiations「交渉を成功させるための克服できない障害」
longevity [lɑndʒévəti│lɔn-] 名 長寿、寿命	😊 TOEIC界の住人は絶対死なないので、おそらく例外なく長生きだろう
perseverance [pò:rsəvíərəns] 名 忍耐力、粘り強さ	動 persevere「我慢する、やり抜く」 ▨ preservation「保護、保存」と間違えないこと

681
広範囲にわたる雷雨を予報する
forecast widespread t-------s

682
非生産的な出費を減らす
reduce u------- expenditures

683
ウイルスに対するワクチンを開発する
develop a vaccine against the v-------

684
パリに住む
r------- in Paris

685
不断の努力をする
make t------- efforts

686
約990ドルに達する
a------- to approximately \$990

687
深刻な不況にある
be in a deep d-------

688
交渉を妨げる
p------- negotiations

689
大量のデータ
r------- of data

690
仕事の小休止
r------- from work

thunderstorm [θΛ́ndərstɔ̀ːrm] 名 雷雨	🦠 TOEIC定番の inclement weather「悪天候」の一種。飛行機は今日も遅れる
unproductive [ʌ̀nprədʌ́ktiv] 形 非生産的な、無益な	例 unproductive debate「無益な議論」 反 productive「生産的な」
virus [váiərəs] 名 ウイルス	🦠 世界の力を結集して新型コロナウイルスをやっつけよう! 発音注意! バイラス!
reside [rizáid] 動 住む、居住する	形 residential「居住の、住居に適した」 例 residential area「居住地区」 名 resident「居住者」 residence「住居、居住」
tireless [táiərlis] 形 不断の、絶え間ない	▲「(人が) 勤勉な」という意味もある 副 tirelessly「絶え間なく、休むことなく」
amount [əmáunt] 動 達する、相当する	▲自動詞であることに注意。後ろに前置詞の to を伴うことが多い 名「量、金額、総量、総額」
depression [dipréʃən] 名 不況、不景気	▲「憂鬱」という意味も 例 aggravate depression「憂鬱を悪化させる」 形 depressed「不景気の」
preclude [priklúːd] 動 ～を妨げる、不可能にする	例 preclude any misunderstanding「誤解を不可能にする (なくす)」 preclude A from doing「Aが～することを妨げる」
reams [ríːmz] 名 大量	▲元々の意味は紙の取引単位。Part 7の文中にたまに登場する
respite [réspit	-pait] 名 小休止、息抜き、猶予、延期	例 without respite「休みなしに」 put A in respite「Aを猶予する、延期する」

157

691
可能な代替案を調査する
e-------- possible alternatives

692
新たな分野を確立する
establish a new g--------

693
豪華な衣装を身に纏う
wear a g-------- costume

694
忘れがちである
be a-------- to be forgetful

695
より裕福な顧客を惹きつける
attract a richer c--------

696
気候変動への適応力
a-------- to climate change

697
花輪を編む
weave a g--------

698
頷いて同意を示す
s-------- consent by nodding

699
摘要を作成する
draw up a s--------

700
医学用語を使う
use medical t--------

explore [iksplóːr] **動** ～を調査する、探索する	✖自動詞扱いもする 例 explore for fossil resources「化石資源を探索する」 名 exploration「探索、探検、調査」
genre [ʒáːŋrə] **名** 分野	😀「ジャンル」という日本語として定着しているだけに発音注意！ ジャンルではなく、ジャンラ or ジャーンラ！
gorgeous [góːrdʒəs] **形** 豪華な、華麗な、美しい	✖日本語化している「ゴージャス」のイメージと一致している 副 gorgeously「豪華に、華麗に」 名 gorgeousness「華麗、華やかさ」
apt [ǽpt] **形** ～しがちな、得意な	✖be apt at ～「～が得意である」 名 aptitudeの「傾向、習性、素質、才能」はこのaptから派生している
clientele [klàiəntél] **名** 顧客、得意先	✖client が個々に「顧客や得意先」を示すのに対し、clientele は集合的に示す単語
adaptability [ədæptəbíləti] **名** 適応力、順応性	形 adaptable「適応力のある、順応できる」 動 adapt「～に適応させる、順応させる」
garland [gáːrlənd] **名** 花輪、花冠、花飾り	動「～を飾る」 例 be garlanded with many flowers「沢山の花で飾られる」
signify [sígnəfài] **動** ～を示す、表す	✖signify that SV「SがVであることを示す」の形も重要。自動詞「重要である」の意味もある 例 It signifies little.「それは大して重要ではない」
syllabus [síləbəs] **名** 摘要、概要	✖「授業科目、履修科目」の意味もあり、その類義語は curriculum
terminology [tòːrmənálədʒi|-nɔ́l-] **名** 用語、専門用語	例 computer terminology「コンピューター用語」 scientific terminology「科学用語」 類 jargon

701
全投資家に公平に資金を配分する
a-------- resources fairly to all investors

702
数えきれないほど
c-------- times

703
送別会を開く
give a f-------- party

704
歴史に関する公文書
historical a--------s

705
明らかな誤り
an e-------- mistake

706
支出の内訳
a b-------- of expenditures

707
間接的なリスクを及ぼす
pose an i-------- risk

708
案内書を発行する
issue a p--------

709
職員名簿
a personnel r--------

710
最も重要な基準
the most important y--------

allocate [ǽləkèit] 動 ～を配分する、割り当てる	名 allocation「割り当て、配分」 類 allot, assign
countless [káuntlis] 形 数えきれない、無数の	※名詞＋「-less」は形容詞を作る 例 priceless「値段がつけられないほど貴重な」 timeless「時代を超越した」
farewell [fèərwél] 名 送別、別れ、別れの言葉	※farewell の1語で「送別会」の意味もある。定年退職者の送別会は retirement party が一般的
archive [á:rkaiv] 名 公文書、記録文書	動「～を保管する」 例 archive the city's financial documents「市の財務文書を保管する」
evident [évədənt] 形 明らかな、確かな	※It is evident that SV「SがVすることは明らかだ」, be evident to～「～には明白だ」の形もある
breakdown [bréikdàun] 名 内訳、明細、故障、停止	※「機械の故障や機能停止」以外に、「内訳、明細」の意味も覚えておきたい
indirect [indərékt] 形 間接的な、直接的でない	副 indirectly「間接的に」 反 direct「直接の、まっすぐな、率直な」
prospectus [prəspéktəs] 名 案内書、説明書	※有価証券募集の際の「目論見書」の意味が有名だが、「案内書、説明書」の意味も重要
roster [rástər	rɔ́s-] 名 名簿、登録簿	例 be on the roster「名簿に載っている」 ※焙煎の roaster「ロースター」と間違えないこと
yardstick [já:rdstik] 名 基準、尺度、物差し	類 standard, measure, criterion, benchmark, gauge

| 711 | 豊富な資金 |
| | a-------- funds |

| 712 | あらゆる規制を遵守して |
| | in c------- with all regulations |

| 713 | 悪い衛生状態の下で |
| | under conditions of poor h------- |

| 714 | 会社の小旅行を企画する |
| | plan a company e------- |

| 715 | 真のパートナーシップを築く |
| | forge a g------- partnership |

| 716 | 菓子工場 |
| | a c------- factory |

| 717 | 倫理的な観点から |
| | from an e------- perspective |

| 718 | 以前から存在する契約上の義務 |
| | a p------- contractual obligation |

| 719 | 森林を再生させる |
| | r------- a forest |

| 720 | 文書に手を加える |
| | t------- with a document |

ample [ǽmpl] 形 豊富な、十分な	副 amply「豊富に」 類 abundant, plentiful, bountiful 反 insufficient「不十分な」
compliance [kəmpláiəns] 名 遵守、応諾、服従	※comply with～, be compliant with～ 「～を遵守する」
hygiene [háidʒi:n] 名 衛生	※「衛生学」の意味もある = hygienics 形 hygienic「衛生の」 副 hygienically「衛生的に」
excursion [ikskə́ːrʒən, -ʃən | -ʃən] 名 小旅行、遠足	😊 TOEIC界の住人は、まるで家族のように頻繁に、会社全体で小旅行やピクニックに出掛ける
genuine [dʒénjuin] 形 真の、偽物でない	※「(人が) 誠実な」という意味もある 例 a genuine person「誠実な人」
confectionery [kənfékʃənèri | -ʃənəri] 名 菓子、製菓	※不可算名詞で集合的に菓子を表す言葉。個別の菓子は confection で可算名詞
ethical [éθikəl] 形 倫理的な、道徳の	名 ethic「倫理 (観)、道徳」 例 instill the work ethic「勤労の倫理観を教え込む」
preexisting [prì:igzístiŋ] 形 以前から存在する、既存の	※pre「前」+ existing「存在する」なので、以前から存在する、ということ
regenerate [ridʒénərèit] 動 ～を再生させる、再建する	※「再生する、再建する」という自動詞扱いもする 名 regeneration「再生、復興」
tamper [tǽmpər] 動 手を加える、改ざんする	※大括りすれば「変更する」だが、勝手に手を加えるというイメージ。あまり良い意味には使われない

721
厄介な状況を避ける
a-------- an annoying situation

722
大量に注文する
order in b--------

723
定期刊行物を出版する
publish a p--------

724
人工の化学薬品
artificial c-------s

725
塩の摂取量を減らす
reduce the i-------- of salt

726
市の中心部から交通を迂回させる
d-------- traffic from the city center

727
外国資本の流入
the i-------- of foreign capital

728
ゴミを堆肥にする
turn garbage into c--------

729
生態系を破壊する
d-------- the ecosystem

730
同僚の支援を求める
e-------- a colleague's support

avoid [əvɔ́id] 動 ～を避ける、回避する	❌avoid doing「～することを避ける」の形もとる。後ろに to 不定詞はとらない 名 avoidance「回避」 形 avoidable「避けられる」
bulk [bʌ́lk] 名 大量、大部分、大半	❌the bulk of～「～の大半」という表現も重要 形 bulky「大きい、かさばった」 副 bulkily「かさばって」
periodical [pìəriádikəl│-ɔ́d-] 名 定期刊行物	形「定期刊行の、定期的な」 副 periodically「定期的に」＝ regularly
chemical [kémikəl] 名 化学薬品、化学物質	❌通常、複数形「chemicals」で使われる 形「化学の、化学作用による」
intake [íntèik] 名 摂取(量)	❌take in が「～を摂取する」という意味の句動詞なので覚えやすい。 intact「無傷の」と間違えないこと
divert [divə́:rt│dai-] 動 ～を迂回させる、転用する	例 divert funds to other purpose「他の目的に資金を転用する」 形 diverting, divertive「気晴らしになる、面白い」
influx [ínflʌ̀ks] 名 流入、殺到、到来	❌可算名詞で、通常、単数形でしか使われない　例 a heavy influx of tourists「多数の観光客の殺到」
compost [kámpoust│kɔ́mpɔst] 名 堆肥、培養土	動「～を堆肥にする、～に堆肥を与える」 類 fertilizer
disrupt [disrʌ́pt] 動 ～を破壊する、混乱させる	名 disruption「破壊、崩壊、混乱」 形 disruptive「破壊的な、崩壊させる」
enlist [inlíst] 動 ～を求める、得る	❌enlist 人 to do「(人に) ～するよう依頼する」 😀「軍隊に入隊する」という意味もある

731	通勤距離内に **within commuting d--------**
732	様々な壊れやすい品物を含んでいる **contain a variety of f-------- items**
733	アルバイトで収入を補う **s-------- an income with a part-time job**
734	1回分の薬 **a d------- of medicine**
735	北へ移動する **move n--------**
736	埋立地を活用する **utilize a l-------**
737	最適なアプローチについて話し合う **discuss an o------- approach**
738	従業員に品質管理を向上させる権限を与える **e------- workers to improve quality control**
739	計り知れないほどの情熱 **i------- passion**
740	メディア評論家 **a media p-------**

distance [dístəns] 名 距離、間隔	😊 in the distance「遠方に」は、Part 1 の風景写真によく出る。遠くに見えるのは大抵、高層ビルか山だ
fragile [frædʒəl | -dʒail] 形 壊れやすい、もろい	類 breakable, frangible 反 robust, sturdy, durable「頑丈な」 名 fragility「壊れやすさ、脆弱性」
supplement 動 [sápləmènt] 名 [sápləmənt] 動 ～を補う、補完する	名「付録、補足、補完、サプリメント」 例 an supplement to an encyclopedia「百科事典の付録」
dose [dóus] 名（薬の）1回分、1服	動「～に服用させる、投薬する」 😊 does と見間違わないこと
northward [nɔ́ːrθwərd] 副 北へ	😊 north を south, west, east に代えるとそれぞれ「南へ、西へ、東へ」となる
landfill [lǽndfìl] 名 埋立地、ごみ廃棄場	😊 land「土地」+ fill「埋める」ということで「埋立地」と覚えよう
optimum [áptəməm | ɔ́p-] 形 最適な、最善の	名「最適な条件」 動 optimize「～を最適化する、最大限に利用する」 類 optimal
empower [impáuər] 動 ～に権限（権利）を与える	😊 be empowered to do「～する権利が与えられている」 類 authorize, entitle, qualify
immeasurable [imé ʒərəbl] 形 計り知れないほどの、無限の	類 innumerable, unlimited, immense 副 immeasurably「無限に、果てしなく」
pundit [pʌ́ndit] 名 評論家、専門家、博識者	😊 ある分野に関して専門知識を有している人 類 expert, specialist, authority, advisor

741

部品を取り外す

disassemble c-------s

742

精巧でありながら丈夫なカメラ

a sophisticated yet d------- camera

743

継続的な革新を奨励する

encourage continuous i-------s

744

実験的方法を考案する

formulate an e------- method

745

良い気分である

be in a good m-------

746

多くの議論の焦点となるポイント

the f------- point of much debate

747

退職年金制度を起草する

draft a retirement p------- plan

748

使い捨ての事務用品

e------- office supplies

749

賢明な決断をする

make a p------- decision

750

失われた時間を取り戻す

r------- lost time

component [kəmpóunənt] 名 部品、構成要素	例 be integral component of〜「〜の不可欠な構成要素である」
durable [d*j*úərəbl｜djúər-] 形 丈夫な、耐久性がある	類 sturdy, robust 反 delicate, fragile「もろい」 名 durability「耐久性、耐久力」
innovation [ìnəvéiʃən] 名 革新、刷新、新機軸	形 innovative「革新的な、刷新的な」 例 an innovative strategy「革新的な戦略」
experimental [ikspèrəméntl] 形 実験的な、実験の	名 experiment「実験」←experience「経験」と区別すること
mood [múːd] 名 気分、気持ち、雰囲気	※atmosphere は、特定の場所や状況に漂う雰囲気であって、mood とは少しニュアンスが異なる
focal [fóukəl] 形 焦点となる	※限定用法のみ。S is focal. という叙述用法では使えない 名 動 focus「焦点、中心」「焦点を合わせる」
pension 年金 [pénʃən] 宿屋 [pɑ̀ːŋsjɔ́ːŋ] 名 年金	🐷 宿屋のペンションはTOEICには出ない 動「〜に年金を支給する」
expendable [ikspéndəbl] 形 使い捨ての	類 disposable, throwaway ※語尾に「-s」をつけると、expendables で「消耗品」となる
prudent [prúːdnt] 形 賢明な、慎重な	反 imprudent「軽率な、無分別な」 名 prudence「慎重、思慮分別」
reclaim [rikléim] 動 〜を取り戻す、再利用する、再要求する	例 reclaim scraps「スクラップを再利用する」 reclaimed paper「再生紙」 名 reclamation「再生、再利用」

751

輸入品と輸出品の不均衡

imbalance between i-------s and exports

752

理にかなった候補者

a l------- candidate

753

著名な彫刻家

a noted s-------

754

空港で通貨を両替する

exchange c------- at an airport

755

仕事上の目標を追求する

p-------- a career objective

756

珍しい病気から回復する

recover from a rare d-------

757

緑豊かな庭を呼び物としている

feature l------- gardens

758

他のメンバーと完全に同意する

totally c------- with other members

759

自由裁量の支出

d-------- expenditures

760

厳しいしつけを受ける

have a strict u-------

import 名 [ímpɔːrt] 動 [impɔ́ːrt] 名 輸入品、輸入	❈「輸入品」の意味では通例、複数形となる 動「〜を輸入する」
logical [ládʒikəl | lɔ́dʒ-] 形 理にかなった、合理的な	❈「理にかなった候補者」→「候補者として相応しい人」 反 illogical「筋の通らない、不合理な」
sculptor [skʌ́lptər] 名 彫刻家	動 sculpt「〜を彫る」 関 sculpture「彫刻」 類 carver
currency [kə́ːrənsi | kʌ́r-] 名 通貨、貨幣、普及、流布	例 gain instant currency「即座の普及を得る」→「たちまち広まる」 ❈単語のコアイメージは「広く流通していること、通用していること」
pursue [pərsúː | -sjúː] 動 〜を追求する	名 pursuit「追求、追跡」 スピードスケート競技のパシュートもこれ
disorder [disɔ́ːrdər] 名 病気、障害	❈「無秩序、混乱、不法行為」などの意味もある。dis-「否定」+order「正常な状態、秩序」=「正常な状態でないこと」
lush [lʌ́ʃ] 形 緑豊かな、繁茂した	😊「お酒を飲む」という意味もあり、lush house で「居酒屋」だが、TOEICには出ない
concur [kənkə́ːr] 動 同意する、同時に起こる	名 concurrence「一致、同時発生」 例 in concurrence with〜「〜と一致して、同時に」
discretionary [diskréʃənèri | -ʃənəri] 形 自由裁量の、一任された	副 discretionarily「自由裁量で、任意で」 名 discretion「思慮、分別、裁量」
upbringing [ʌ́pbrìŋiŋ] 名 しつけ、養育、教育	❈bring up〜「〜をしつける、養育する」から連想しやすい 類 discipling, discipline, education

171

761

パーティーの仕出しをする

c------- for a party

762

会社の再編成に着手する

embark on r------- of the company

763

公共の交通機関を使う

use public t-------

764

直ぐに紹介する

give a prompt r-------

765

物価は依然として急騰している。

Prices are still s-------ing.

766

歴史的な大邸宅を見て回る

tour a historic m-------

767

財政難の会社を復活させる

r------- a financially ailing firm

768

完全に行き詰まりの状態にある

be at a total s-------

769

真実に気づいていない

be u------- of the truth

770

息を飲むような眺め

a breathtaking v-------

cater [kéitər] 動 仕出しをする	❎ 他動詞扱いもする　例 cater a party 名 catering「ケータリング、出前」 例 a catering business「仕出し屋」
reorganization [rìːɔːrgənizéiʃən | -nai-] 名 再編成、再建、改革	動 reorganize「〜を再編成する、再建する」 ≒ restructure
transportation [trænspərtéiʃən, -pɔːt-] 名 交通(機関)、輸送(機関)	❎ ホテルやカンファレンスルームは公共交通機関の駅やバス停に近いことが理想とされる
referral [rifə́ːrəl] 名 紹介、推薦(される人)、照会	😊 referral が人の場合、「患者」という意味もあるが、TOEIC では「患者」ではなく「求職者」だ
soar [sɔ́ːr] 動 急騰する、急上昇する	類 rise rapidly, increase rapidly, skyrocket 反 plummet, plunge「急落する」
mansion [mǽnʃən] 名 大邸宅、屋敷	❎ 日本語の「マンション」の意味ではない。マンションの一室は、apartment, condominium という
revive [riváiv] 動 〜を復活させる	❎ 演劇や音楽などの revival「リバイバル」から連想しやすい
standstill [stǽndstìl] 名 行き詰まり、停止	例 Traffic has been at a complete standstill.「交通は完全に停止状態にある」
unconscious [ʌnkɑ́nʃəs | -kɔ́n-] 形 気づいていない、無意識の	😊「意識不明の」という意味もあるが TOEIC には出ない 副 unconsciously「無意識に」
vista [vístə] 名 眺め、景色、展望	例 open up a new vista「新しい展望を切り開く」 😊 筆者は、昔、こんな名前の車を所有していた

771

詐欺から消費者を守る

d-------- consumers against fraud

772

魅力的なテーマを紹介する

introduce a f-------- subject

773

古代の陶器を発掘する

excavate ancient p--------

774

理想的な環境を提供する

provide an ideal s--------

775

サイズが統一されている

be u-------- in size

776

試作品をテストする

test a p--------

777

侮辱に憤慨する

r-------- an insult

778

優れた造園家

a m-------- landscaper

779

激しい競争

s-------- competition

780

懸念を解決する

u-------- concerns

defend [dɪfénd] **動** ～を守る、防御する、弁護する	◆defend A against (from) B の形で覚えておこう **名** defense「防御、守備、防衛、弁護、被告側」
fascinating [fǽsənèitiŋ] **形** 魅力的な、魅惑的な	**動** fascinate「～を魅了する」 **形** fascinated「魅了された」 **例** a fascinated crowd「魅了された群衆」
pottery [pátəri	pɔ́t-] **名** 陶器	◆通常、不可算名詞だが、「製陶所、窯元」の意味で使われる場合は可算名詞扱いとなる
setting [sétiŋ] **名** 環境、背景、設定	◆レストラン、ホテルの中庭、カンファレンスルームなどの場所、ミーティングや面接などのイベントの描写に幅広く使われる単語
uniform [júːnəfɔ̀ːrm] **形** 統一された、不変の	◆勿論、「制服、ユニフォーム」の意味もある **副** uniformly「均一に、一様に」 **名** uniformity「均一性、画一性」
prototype [próutətàip] **名** 試作品、原型	☺ 試作品のモニターになって、その商品をそのまま無料で頂くのは TOEIC 定番
resent [rizént] **動** ～に憤慨する、立腹する	☺ TOEIC 界の住人は総じて穏やかで、決して憤慨しない **形** resentful「憤慨した、立腹した」
masterful [mǽstərfəl	máːs-] **形** 優れた、熟練した	☺ 「横柄な、傲慢な」というネガティブな意味もあるが、TOEIC には出ない
stiff [stíf] **形** 激しい、断固とした、固い	**例** encounter stiff opposition「断固とした反対に遭う」 **動** stiffen「～を強化する、固くする」
untangle [ʌ̀ntǽŋgl] **動** ～を解決する、～のもつれを解く	**例** untangle a thread「糸のもつれを解く」 **反** tangle「～をもつれさせる、からませる」

| 781 | 首尾一貫した計画を考案する |
| | d-------- a coherent plan |

| 782 | あらゆる好機を利用する |
| | take every o-------- |

| 783 | 暫定予算 |
| | a p-------- budget |

| 784 | 関係者一同に賛辞を贈る |
| | pay t-------- to all concerned |

| 785 | 完全な自信を持って |
| | with u-------- confidence |

| 786 | 歴史の潮流が変わった。 |
| | The t-------- of history has turned. |

| 787 | 見込みのない市場から撤退する |
| | withdraw from u-------- markets |

| 788 | 直感的な決断をする |
| | make an i-------- decision |

| 789 | 完全な失敗を避ける |
| | prevent o-------- failure |

| 790 | 提案を断る |
| | r-------- a suggestion |

devise [diváiz] 動 ～を考案する	類 conceive, design, invent, come up with 名 device「装置、仕掛け、方策」
opportunity [àpərtjú:nəti | òpətjú:-] 名 好機、良い機会	😊 chance は必ずしも「好機」とは限らず、「可能性、見込み、危険性」なども包含する
provisional [prəvíʒənl] 形 暫定の、仮の	副 provisionally「暫定的に、一時的に」 名 provision「規定、条項、準備、供給」
tribute [tríbju:t] 名 賛辞、贈り物	✎ contribute「貢献する」の tribute と覚えよう
utter [Átər] 形 完全な、断固とした	副 utterly「完全に、全く」 例 utterly incoherent「完全に支離滅裂な」
tide [táid] 名 潮流、情勢	動「乗り切る」 例 tide over difficulties「困難を乗り切る」
unpromising [ànprámisiŋ | -prɔ́m-] 形 見込みのない、将来性のない	😊 TOEIC界の敏腕経営者はしばしば、利益が出ない分野から撤退して他業種に業態を変えて成功する
intuitive [intʃú:ətiv | -tjú:-, -tʃú:-] 形 直感的な、直感力のある	✎ Part 5に時折出る難単語 名 intuition「直感 (力)」
outright 形 [áutràit] 副 [àutráit] 形 完全な、徹底的な、明白な	副「完全に、徹底的に」 例 deny outright「完全に否定する」 ✎ 副詞は、outrightly ではない！
repel [ripél] 動 ～を断る、寄せ付けない	✎「寄せ付けない、払いのける」の意味から、repellent「防虫剤」 関 water-repellent「撥水加工をした」

| 791 | 欠陥のある商品を返品する |
| | **return defective m--------** |

| 792 | 保護用の眼鏡を身に着ける |
| | **wear p-------- goggles** |

| 793 | 仮のスケジュールを組む |
| | **set a t-------- schedule** |

| 794 | 出産休暇を要求する |
| | **request m-------- leave** |

| 795 | 防水加工のブーツ |
| | **w-------- boots** |

| 796 | 耐えがたいほどの高温 |
| | **u-------- high temperatures** |

| 797 | 健康状態を維持する |
| | **maintain w--------** |

| 798 | 窮屈なアパート |
| | **a c-------- apartment** |

| 799 | それは私には無関係なことだ。 |
| | **It's i-------- to me.** |

| 800 | 単純な機械 |
| | **u-------- machinery** |

merchandise [mə́:rtʃəndàiz] 名 商品、製品	◆product「商品、製品」は可算名詞だが、こちらは不可算名詞であることに注意！
protective [prətéktiv] 形 保護用の、保護する	😊 保護用の眼鏡やヘルメットは工場見学のツアーで身に着けなくてはならないが、大抵、貸してくれる
tentative [téntətiv] 形 仮の、暫定的な	◆変更があり得る。not definite or certain, and may be changed later ということ
maternity [mətə́:rnəti] 名 出産、母であること	関 paternity「父であること」 😊 最近の会社では、paternity leave「父親の育児休暇」も認められるようになった
waterproof [wɔ́:tərprù:f] 形 防水加工の、防水の	◆形容詞の proof には「〜に耐えられる」という意味がある 関 water-resistant「(完全防水ではない) 耐水性の」
unbearably [ʌnbéərəbli] 副 耐えがたいほど	形 unbearable「耐えがたい」 例 unbearable humidity「耐えがたい湿気」
wellness [wélnis] 名 健康状態、健康であること	◆wellness program「ウエルネスプログラム」など、日本語として定着している
cramped [kræmpt] 形 窮屈な、狭苦しい、詰め込んだ	反 spacious「広々とした」 ◆文字が詰まっていて、判読できないという意味もある = illegible
irrelevant [iréləvənt] 形 無関係な、的外れな	例 make absolutely irrelevant remarks「全く的外れな発言をする」 反 relevant「関係のある、関連性のある」
unsophisticated [ʌnsəfístəkèitid] 形 単純な、不慣れな、経験の浅い	例 an unsophisticated visitor「不慣れな訪問者」 an unsophisticated actress「経験の浅い女優」

179

インターネットで検索する

　インターネット全盛時代ですから、その情報を活用しない手はありません。現代の生きた英文やフレーズの情報を幾らでも入手することができます。ただし、入手が容易であるが故に、注意すべき点があります。

　それは、検索方法によってはノンネイティブが作成している不自然な英語や間違った英語まで拾い上げてしまう可能性があるという点です。インターネット検索で得られる英語は必ずしも正しい英語ばかりではありません。

　正しい英語を取捨選択するために最も有効な方法は、特定のサイトに絞って検索することです。特定のサイトとは、正しい英語を使っている可能性が極めて高い、信頼できるサイトを指します。

　例えば、「New York Times」「The Japan Times」「CNN News」「BCN News」「NHK WORLD-JAPAN」などです。これ以外にも有益なサイトは沢山ありますので、是非、ご自身でお気に入りのサイトを探してみてください。英語学習ライフがより楽しく充実したものになります。

　また、辞書的なサイトもお勧めです。初中級者向きなのは、日本語での説明がある「英辞郎 on the WEB」や「Weblio 英和辞典・和英辞典」などです。英語だけでなく、日本語表記がありますから、ストレスなく使える筈です。

　上級者向けには、「Cambridge English Dictionary」や「Longman Dictionaries Online」などがお勧めです。共起表現、コロケーション、類義語など、より高レベルの検索には、「SkELL」や「COCA」などがお勧めです。

　サイト検索は、調べている目的を忘れて没頭しすぎると横道に外れてしまいますので、時間を決めて調べるなど、注意は必要ですが、語彙の幅が広がりますし、何よりも日本語には置き換えられない英語の本来の意味を掴むことができます。

　是非、お試しください。

Round 5

801 — 1000

🔊9 — 🔊10

801	農業生産性を向上させる increase a-------- productivity
802	成績証明書 an academic c--------
803	長続きする人間関係を構築する establish a l-------- rapport
804	社会基盤を整備する develop i--------
805	標本を集める gather s--------s
806	一風変わった民話を語る narrate a strange f--------
807	親密な関係を強化する r-------- a close relationship
808	何が起こったのか推測する c-------- what has happened
809	その発見には深い意味合いがある。 The findings have profound i--------s.
810	顕著な傾向がある have a p-------- tendency

agricultural [ægrikʌ́ltʃərəl] 形 農業の、農業に関する	名 agriculture「農業」 関 agriculturist「農学者、農業専門家、農耕民」
credential [kridénʃəl] 名 証明書、資格、経歴	例 credentials as s financial expert「財務のエキスパートとしての資格、経歴」
lasting [lǽstiŋ	láːst-] 形 長続きする、持続的な	類 enduring 動 last「続く」も重要 関 long-lasting「長く続く」
infrastructure [ínfrəstrʌ̀ktʃər] 名 社会基盤	※可算名詞、不可算名詞の両方あり。「インフラ」という略称で日本語として定着している
specimen [spésəmən] 名 標本、見本、例	例 examine botanical specimens「植物の見本を調べる」
folktale [fóuktèil] 名 民話	※folk「民族」+ tale「物語」=「民話」 類 folk story
reinforce [rìːinfɔ́ːrs] 動 ～を強化する	名 reinforcement「強化」 類 strengthen, fortify, consolidate, enhance
conjecture [kəndʒéktʃər] 動 ～を推測する、推量する	※conjecture that SV「SがVすると推測する」 名「推測、推量、推論、憶測」
implication [ìmplikéiʃən] 名 意味合い、含蓄、影響、関わり	例 adverse implications「悪影響」 implication in a crime「犯罪への関わり」
pronounced [prənáunst] 形 顕著な、際立った、発音された	副 pronouncedly「顕著に、目立って」 動 pronounce「～を話す、発音する」

811
上下に調節できるイス
vertically a-------- chairs

812
さらなる通信を待つ
await further c--------

813
居住者と辛抱強く交渉する
negotiate p-------- with tenants

814
水で溶液を薄める
d-------- a solution with water

815
直接の動機を説明する
describe an immediate m--------

816
かなり議論の余地がある仮説
a rather a-------- hypothesis

817
些細なことに気を散らされる
be d--------ed by small details

818
最悪のシナリオを避ける
a-------- the worst scenario

819
採算性の乏しい組織を解散する
d-------- unprofitable organizations

820
もはや現存していない
be no longer e--------

adjustable [ədʒʌ́stəbl] 形 調整できる、適応できる	類 modifiable, alterable, adaptable 名 adjustability「調整能力、適応性」
correspondence [kɔ̀:rəspándəns | kɔ̀rəspɔ́nd-] 名 通信、文書（でのやりとり）、一致	動 correspond「通信する、一致する」 関 correspondent「通信員、特派員」
patiently [péiʃəntli] 副 辛抱強く、根気よく	形 patient「辛抱強い」名詞で「患者」という意味もある 名 patience「忍耐、辛抱強さ」
dilute [dilú:t, dai- | dailú:t, di-, -ljú:t] 動 ～を薄める、希釈する	◎「（質や効果など）を弱める」という意味もある 例 dilute the effect of the policy「政策の効果を弱める」 形「希釈された、薄い」
motive [móutiv] 名 動機、誘因	形「動機となる」 関 motivation「動機を与えるもの、意欲を与えるもの、誘因」
arguable [ɑ́:rgjuəbl] 形 議論の余地がある、論拠がある	類 debatable 副 arguably「ほぼ間違いなく、議論の余地はあるが」
distract [distrǽkt] 動 ～の気を散らす、迷わせる	名 distraction「気を散らすこと、気晴らし」 形 distracted「注意散漫の」 distracting「注意をそらせる、気晴らしになるような」
avert [əvə́:rt] 動 ～を避ける、防ぐ	◎悪い出来事を回避するイメージの単語 類 avoid, prevent, forestall, preclude
disband [disbǽnd] 動 ～を解散する	類 dismiss, dissolve, break up 名 disbandment「解散」
extant [ékstənt | ekstǽnt] 形 現存する	◎古い文書や、記録、慣習、建造物などが滅びずに現存している、という状況で使われる単語

185

821	誤りを見落とす o-------- a mistake
822	席と食事の好み seat and meal p--------s
823	取引の完了時に upon completion of a t-------
824	独占契約を結ぶ sign an e-------- contract
825	絶対に必要なもの an absolute n--------
826	驚くべき事実 an a-------- fact
827	独立した存在 an independent e-------
828	肯定的な反応 an a-------- response
829	完全に腐食した金属 completely c-------d metal
830	インフルエンザの予防接種 i-------- against influenza

overlook [òuvərlúk] **動** ～を見落とす、大目に見る、監督する	🐾 左ページのフレーズも文脈によっては「過ちを大目に見る」という意味になる。Part 1では「～を見渡す」という意味で出る
preference [préfərəns] **名** 好み、優先権	**形** preferable「より望ましい、より好ましい」 **動** prefer「～を好む」
transaction [trænzækʃən, træns-] **名** 取引	● 複数形のtransactionsで「議事録」の意味もある **動** transact「～を処理する、取引を行う」
exclusive [iksklú:siv] **形** 独占の、排他的な、唯一の	● 「高級な、富裕層向けの」という意味も **副** exclusively「独占的に、排他的に、～のみ」 **名** exclusion「排除、除外」
necessity [nəsésəti] **名** 必要(なもの)、必需品	● 複数形のnecessitiesで「生活必需品」となる **動** necessitate「～を必要とする、余儀なくする」
alarming [əláːrmiŋ] **形** 驚くべき	**動** alarm「～をびっくりさせる、警戒させる」 **関** alarmed「驚いている」
entity [éntəti] **名** 存在、実体	● 「組織」や「企業」の意味で使われることもある。その場合の **類** organization, establishment, institution, body
affirmative [əfə́:rmətiv] **形** 肯定的な、断定的な	**副** affirmatively「肯定的に、断定的に」 **動** affirm「～を断言する、指示する」 **名** affirmation「断言、主張、確約」
corrode [kəróud] **動** 腐食する	● 「～を腐食させる、むしばむ」という意味の他動詞用法もある **名** corrosion「腐食、腐食物」 **形** corrosive「腐食性の」
immunization [ìmjunizéiʃən] **名** 予防接種、免疫付与	**関** immunity「免疫」 **動** immunize「～に免疫を与える」

187

831	市場調査を専門とする s-------- in market research
832	授業料と諸経費の免除 t------- and fee exemption
833	野生生物の警備隊員 a w-------- ranger
834	直接調査を行う carry out f------- research
835	舗装道路を横切る walk across the p--------
836	皮肉な結果に陥る end up with an i-------- result
837	不運を被る suffer a m--------
838	議論を要約する e------- an argument
839	結論が出ないままである remain i--------
840	向う見ずな浪費 r------- extravagance

specialize [spéʃəlàiz] 動 専門とする、攻攻する	❌ 自動詞であることに注意 名 specialization「特化、特殊化、専門化」 例 specialization strategy「特化戦略」
tuition [tʃuːíʃən | tjuː-] 名 授業 (料)	😊 不可算名詞であることに注意。TOEIC の世界では授業料を免除される優秀な学生が多い
wildlife [wáildlàif] 名 野生生物	例 preserve wildlife「野生生物を保護する」 ❌ 生物すべてを意味する不可算名詞で、動物に限定されない。植物も含む
firsthand [fɔ́ːrsthǽnd] 形 直接の、直接入手した	副「直に、直接、自分の目で、自分で体験して」 反 indirect「間接的な、二次的な」 反 secondhand「中古の、また聞きの」
pavement [péivmənt] 名 舗装道路、舗道	😊 THE ALFEE の「恋人達のペイヴメント」を思い出す 動 pave「〜を舗装する」
ironic [airánik | -rɔ́n-] 形 皮肉な	副 ironically「皮肉にも」 名 irony「皮肉」
mishap [míshæp, —́] 名 不運、不幸	❌ 可算名詞も不可算名詞もある 例 without mishap「無事に」
epitomize [ipítəmàiz] 動 〜を要約する、体現する	例 epitomize the spirit of the 19th century「19世紀の精神を体現している」 名 epitome「典型、縮図、要約」
inconclusive [inkənklúːsiv] 形 結論の出ない、決定的でない	例 inconclusive evidence「決定的でない証拠」 反 conclusive「決定的な」
reckless [réklis] 形 向う見ずな、無謀な	副 recklessly「向う見ずに、無謀に」 名 recklessness「無謀さ」

841

衣服製造メーカー

an a------- manufacturer

842

目標を明確にする

c------- a goal

843

天候次第である

d------- on the weather

844

演劇の序幕

the p------- of a play

845

ルームランナーの上を歩く

walk on a t-------

846

原材料価格が高騰した。

The price of raw materials was i-------d.

847

世界中で最も住みやすい国

the most l------- country in the world

848

緊急援助資金を検討する

consider b------- funds

849

現行システムに否定的である

be d------- of the current system

850

予め定められたルールに従って

according to p------- rules

apparel [əpǽrəl] 名 衣服、衣装	◈不可算名詞 例 wear gorgeous apparel「豪華な衣装を身に着ける」 アパレル業界など、日本語としても定着している
clarify [klǽrəfài] 動 ～を明確にする、解明する	名 clarification「明確化、説明」 類 elucidate, explicate, define, explain
depend [dipénd] 動 次第である、依存する	例 depend on donations「寄付に依存している」 熟 depending on～「～によって、次第で」
prologue [próulɔːg | -lɔg] 名 序幕、序章、幕開け	反 epilogue「終章、終幕、結末」 ◈いずれもギリシャ語由来の言葉
treadmill [trédmìl] 名 ルームランナー	☺ TOEIC のジムではルームランナー (＝ランニングマシン) は頻繁に見かける
inflate [infléit] 動 ～を高騰させる、膨らませる、誇張する	◈自動詞「膨らむ、インフレになる」 名 inflation「高騰、膨張」 インフレーション、インフレという言葉で日本語として定着している
livable [lívəbl] 形 住みやすい、生活できる	例 a livable salary「生活できる (水準の) 給料」 ◈liveable とも綴る
bailout [béilàut] 名 緊急援助、救済措置、脱出	関 bail out～「～を救済する、～を脱する」 例 bail out an ailing company「経営難の会社を救済する」
dismissive [dismísiv] 形 否定的な、素っ気ない、軽蔑的な	副 dismissively「素っ気なく、否定的に、尊大な様子で」 例 say dismissively「尊大な口調で語る」
predetermined [prìːditə́ːrmìnd] 形 予め定められた、既定の	例 with a predetermined budget「既定の予算で」 動 predetermine「～を運命づける、予定する」

851	ほんの概算だけが必要なのです。
	Only an a------- is necessary.

852	礼儀正しい態度で
	in a c------- manner

853	ロビーまで全ての参加者に付き添う
	e------- participants to the foyer

854	最終リストを提示する
	p------- f------- a final list

855	倉庫をアトリエに変える
	convert a s------- into a studio

856	素晴らしい成功を遂げる
	achieve s------- success

857	不動産の維持
	the u------- of the property

858	心が痛む思い出
	p------- memories

859	隠遁生活を好む小説家
	a r------- novelist

860	外交関係を断つ
	s------- diplomatic relations

approximation [əprɑ̀ksəméɪʃən｜-rɔ̀k-] 名 概算、見積もり	類 estimate 副 approximately「およそ、約〜」は超頻出！
courteous [kə́ːrtiəs] 形 礼儀正しい、丁寧な、親切な	副 courteously「礼儀正しく、丁寧に」 名 courtesy「礼儀正しさ、丁寧、親切」
escort [iskɔ́ːrt] 動 〜に付き添う、〜を連れていく	◆「エスコートする」で日本語としても定着している。直後に人を伴い、その後ろに前置詞の to＋場所が置かれる
put forth [pút fɔ́ːrθ] 動 〜を提示する、出す、発揮する	類 put forward, set forth, submit, present 反 withdraw「〜を撤回する」
stockroom [stákrùːm, -rùm｜stɔ́k-] 名 倉庫、貯蔵室	◆一戸建ての倉庫ではなく、建物内の一室を使った保管庫のイメージ
singular [síŋgjulər] 形 素晴らしい、風変わりな、唯一の	例 a singular example「唯一の例」 ◆文法用語では名詞で「単数形」⇔ plural「複数形」
upkeep [ápkìːp] 名 維持、維持費	◆句動詞の keep up〜「〜を維持する」から連想しやすい 類 maintenance
poignant [pɔ́injənt] 形 心が痛む、辛辣な、感動的な	例 poignant sarcasm「辛辣な皮肉」 a poignant scene「感動的な光景」 名 poignancy「辛辣さ、痛烈」
reclusive [riklúːsiv] 形 隠遁生活を好む、孤立した	◆「人里離れた、隔離された」という意味もある 類 secluded, solitary
sever [sévər] 動 〜を断つ、切断する	類 terminate, discontinue, break off ◆severe「厳しい、厳格な」と綴りが似ているので混同しないこと

861	無料健診を受ける資格を与えられる be e-------d to a free medical checkup
862	重大な欠点を示す indicate a grave f--------
863	毎日の生活に芸術を取り入れる i-------- art into everyday life
864	特定の問題に集中する c-------- around a particular issue
865	双方向的なコミュニケーション i-------- communications
866	生命工学を専攻する specialize in b--------
867	カーペットが変色している。 The carpet is d--------.
868	驚くべき回復力を示す show remarkable r--------
869	コンピューター部品を規格化する s-------- computer parts
870	完全に消える v-------- altogether

entitle [intáitl] **動** ～に資格を与える、権利を与える	※不定詞をとる用法もある。entitle 人 to do「人に～する資格を与える」 be entitled to do「～する資格がある」
fault [fɔ́:lt] **名** 欠点、誤り、過失、責任	※テニスでサーブを2回連続失敗することを「double fault」という **動**「～を責める、批判する」
incorporate [inkɔ́:rpərèit] **動** ～を取り入れる、組み込む、法人化する	※incorporate A with B「AをBと合併（合体）させる」 **名** incorporation「法人設立、法人化、会社、合併、合体」
center [séntər] **動** 集中する、集まる	※他動詞扱いもする「～を中心に置く、集中させる」 **名**「中心、中心地、焦点」 **動** centralize「～を中心に集める、集中させる」
interactive [intəræktiv] **形** 双方向的な、相互作用的な	※「インタラクティブな授業、インタラクティブな研修」のように日本語としても定着している
biotechnology [bàiouteknálədʒì | -nɔ́l-] **名** 生命工学、生物工学	※biology「生物学」とtechnology「技術」の合成語。「バイオテック」と略されて日本語として定着している
discolored [diskʌ́lərd] **形** 変色した、色褪せた	※望まない結果としての変色であり、好ましい変色の場合には使われない。主に、経年による変質や色落ちなどを意味する
resilience [rizíliəns, -ljəns] **名** 回復力、復元力、弾力性	※「レジリエンス」という日本語として定着している **形** resilient「回復力のある、復元力がある、弾力性がある」
standardize [stǽndərdàiz] **動** ～を規格化する、標準化する	※あるものを共通にしたり、統一したりするイメージ **名** standardization「規格化、標準化」
vanish [vǽniʃ] **動** 消える、消滅する	**類** disappear **形** vanishing「消えゆく」 **副** vanishingly「ほとんどないくらいに」

871
巨額の寄付をする
make huge d-------s

872
会計年度毎に
every f------- year

873
市民体育館を改装する
refurbish a city g-------

874
マーケティングの取組みを強化する
i------- marketing efforts

875
簡単な表計算ソフトをつくる
create a simple s-------

876
彼はそれが真実だと主張した。
He a-------ed that it was true.

877
好感の持てる人
a l------- person

878
無数の難問を克服する
overcome a m------- of demanding problems

879
過去を回想する
r------- about the past

880
感染症に対して用心深い
be v------- against infectious diseases

donation [dounéiʃən] 名 寄付、寄付金	類 contribution, endowment, benefaction 動 donate「〜を寄付する、寄贈する」
fiscal [fískəl] 形 会計の、財政の	例 decrease the fiscal burden「財政負担を軽減する」 名「収入印紙」 副 fiscally「財政的に」
gymnasium [dʒimnéiziəm] 名 体育館、ジム	✎ 縮めてgymともいう 😊 TOEIC界ではジムとプールの設備が整っているホテルが大人気だ
intensify [inténsəfài] 動 〜を強化する、激しくする	名 intensity「強さ、激しさ」 形 intense「激しい」 intensive「集中的な」 反 lessen, abate「〜を弱める、低下させる」
spreadsheet [sprédʃi:t] 名 表計算ソフト	✎ spreadsheet skills「スプレッドシートスキル」が応募の条件となる場合がある。Excelを思い浮かべればよい
assert [əsə́:rt] 動 〜を主張する、断言する	✎ 後ろにthat節を従える用例が圧倒的に多い 名 assertion「断言、主張」 形 assertive「断定的な」
likable [láikəbl] 形 好感の持てる、感じの良い	✎ まだPart 5で正解になったことはない 類 personable, pleasant, friendly, agreeable
myriad [míriəd] 名 無数	✎ 数字の10,000を表すギリシャ語の「myrias」に由来する言葉
reminisce [rèmənís] 動 回想する、思い出に耽る	名 reminiscence「回想、思い出」 形 reminiscent「思い出させる」
vigilant [vídʒələnt] 形 用心深い、油断がない	名 vigilance「警戒、用心」 例 exercise vigilance「用心する」

881	講堂を改修する **refurbish an a--------**
882	年次集会 **an annual g--------**
883	研修プログラムを修正する **m-------- a training program**
884	人里離れた地域で **in a r-------- region**
885	地元企業から財政支援を募る **solicit s-------- from local businesses**
886	従業員を経営者として教育する **g-------- employees for management**
887	成熟した経済 **m-------- economy**
888	信じられない大失敗を犯す **commit an incredible b--------**
889	住居を人々から奪う **d-------- people of dwellings**
890	入院中に **during h--------**

auditorium [ɔ̀ːditɔ́ːriəm] 名 講堂、観客席、公会堂	❖Part 1にも出る頻出語。「-ium」は名詞を作る接尾辞　例 millennium「千年間」consortium「共同体」
gathering [gǽðəriŋ] 名 集会、集まり、会合	❖「収集」の意味もある 例 data gathering「データ収集」 動 gather「～を集める、理解する、集まる」
modify [mádəfài | mɔ́d-] 動 ～を修正する、変更する	名 modification「変更、修正、改良」 例 make modifications「修正する」
remote [rimóut] 形 人里離れた、僅かな、ありそうにない	例 The possibility is remote.「その可能性は僅かだ」 副 remotely「遠くに、遠隔で、僅かに」
sponsorship [spánsərʃip | spɔ́n-] 名 財政支援、後援	例 under the sponsorship of ～「～の後援で」 ❖「スポンサーであること」自体を示す場合にも使われる
groom [grúːm] 動 ～を教育する、手入れをする	例 a carefully groomed garden「丁寧に手入れされている庭」 ❖名詞で「花婿、新郎」の意味がある
mature [mətʃúər, -tʃúər | -tjúə, -tʃúə] 形 成熟した	動「成熟する (させる)、熟成する (させる)」 反 immature「未熟な」
blunder [blʌ́ndər] 名 大失敗	❖失敗も数あれど、不注意による大きな失敗をいう 動「大失敗する」
deprive [dipráiv] 動 ～から奪う	❖deprive A of B「AからBを奪う」の形で覚えておこう。derive「～を得る、～に由来する」と間違えないこと
hospitalization [hàspitəlizéiʃən | hɔ̀spitəlaizéiʃən] 名 入院	動 hospitalize「～を入院させる」 関 hospitality「親切なおもてなし、歓待」と区別して覚えたい

| 891 | 行方不明のファイルを探す |
| | l------- a missing file |

| 892 | 有望な顧客 |
| | a p------- client |

| 893 | 営業担当者 |
| | sales r-------s |

| 894 | 宣伝用の景品を提供する |
| | offer promotional g-------s |

| 895 | 挿絵を複製する |
| | r------- an illustration |

| 896 | 国際的な都市 |
| | a c------- city |

| 897 | 企業間の連携を強化する |
| | f------- collaboration between companies |

| 898 | 完全に破損している |
| | be in total d------- |

| 899 | 所有権 |
| | p------- rights |

| 900 | 一時的な状態 |
| | a t------- condition |

locate [lóukeit, —́	loukéit] 動 ～を探す、発見する	◈ be located in (at) ～「～にある」以外の意味も重要 名 location「場所、位置、探索」
prospective [prəspéktiv] 形 有望な、将来の	例 a prospective employer「将来の雇用主」 名 prospect「見込み、可能性、見通し、眺望」
representative [rèprizéntətiv] 名 担当者、代表者、代理人	形「代表の」 例 be representative of～「～を代表する」
giveaway [gívəwèi] 名 景品、無料サンプル	◉ TOEIC界では、free gift, gift product, sample などと言い換えられることもある
reproduce [ri:prədjú:s	-djú:s] 動 ～を複製する、再生する	◈ re「再び」+produce「生産する」からイメージしやすい 名 reproduction「再生、複製、再現」
cosmopolitan [kàzməpálətn	kòzməpól-] 形 国際的な	名「国際人」 ◈ ファッション雑誌「Cosmopolitan」は世界的に有名
fortify [fɔ́:rtəfài] 動 ～を強化する、補強する	類 strengthen, reinforce, consolidate, enhance 反 weaken「～を弱める」
disrepair [dìsripéər] 名 破損、荒廃	例 fall into disrepair「荒廃している、荒れ放題である」 ◈ dis「否定」+repair「修復」＝「修復できないほどの状態」→「破損」
proprietary [prəpráiətèri	-təri] 形 所有の、私有の、占有の	名 proprietor「所有者、経営者」 例 a land proprietor「土地の所有者」 the proprietor of a hotel「ホテルの経営者」
transitory [trǽnsətɔ̀:ri, -zə-	-təri] 形 一時的な、束の間の、儚い	◉ Human life is transitory.「人生は儚い」 だからこそ今、頑張るのだ！ 反 permanent「永続する、不変の」

901

成功には不可欠である

be i------- to success

902

比類なき情熱を持っている

p------- unparalleled enthusiasm

903

パーティーで軽食を出す

serve r------- at a party

904

二社間の提携

an a------- between two companies

905

非常に洗練されたファッションモデル

a remarkably c------- fashion model

906

顧客主義の会社を経営する

run a c------- firm

907

基本原則に従う

follow basic p-------s

908

商標登録についての条項

a c------- about trademark registration

909

突然の土砂降りに見舞われる

be caught in a sudden d-------

910

間違えようのない証拠

u------- proof

integral [íntigrəl] 形 不可欠の	❎ It is integral that SV (原形)「SがVすることは不可欠である」の形も重要
possess [pəzés] 動 ～を持っている、所有する	名 possession「所有、所持、所有権、(複数形) 所有物、財産」 関 possessor「所有者、持ち主」
refreshments [rifréʃmənts] 名 軽食	類 light meals 😵 不可算名詞扱いで「元気回復」という意味もあるが、TOEICに出たことはない
alliance [əláiəns] 名 提携、連携	動 ally「同盟を結ぶ、連携する」 類 association, affiliation
cultivated [kʌ́ltəvèitid] 形 洗練された、教養のある	動 cultivate「～を洗練する、栽培する」 類 refined, polished, educated, cultured, sophisticated
customer-driven [kʌ́stəmər drívən] 形 顧客主義の、顧客第一の	関 -driven「～主導の、主義の」 例 export-driven「輸出主導の」 innovation-driven「革新主義の」
principle [prínsəpl] 名 原則、原理、規範	❎ principal「主要な、最重要の、第一の」と間違えないこと
clause [klɔ́:z] 名 条項	❎ 英文法用語では「節」。「句」は phrase、「文」は sentence 類 provision, article
downpour [dáunpɔ̀:r] 名 土砂降り、豪雨	😵 TOEIC界では悪天候は珍しくない 関 thunderstorm「雷雨」 rainstorm「暴風雨」 typhoon, hurricane「台風」
unmistakable [ʌ̀nmistéikəbl] 形 間違えようのない、明白な	類 unquestionable, clear 副 unmistakably「間違いなく、明らかに」

911
新たな取組みを開始する
launch an i--------

912
原稿を修正する
revise a m--------

913
地元団体に資金援助をする
s-------- a local organization

914
視聴覚機器を提供する
provide a-------- equipment

915
開業医
a physician in p--------

916
落とし穴を避ける
avoid a p--------

917
ダイヤモンドのようにきらめく
s-------- like a diamond

918
上司に幾つかの心配事を打ち明ける
c-------- some concerns to a supervisor

919
掘削機を操作する
operate an e--------

920
主観的な見地から
from a s-------- point of view

initiative [iníʃətiv, -ʃiə-] 名 新たな取組み、構想、戦略、主導権	❌一般的には「主導権」という意味で多用されるが、TOEICではフレーズの「新たな取り組み」の意味で頻出する
manuscript [mǽnjuskript] 名 原稿	🐼「応募者数が多いため、寄稿いただいた原稿はお返しできません」などと言われる
sponsor [spánsər | spón-] 動 ~に資金援助をする、~を後援する	名「後援者、保証人、スポンサー」 関 sponsorship「スポンサーであること、資金援助」
audiovisual [ɔ̀:diouvíʒuəl] 形 視聴覚に関する	🐼 TOEIC界では無料でAV機器を使用できる会議室を売り物にしているホテルが多い。しかし、プロジェクターは壊れている
practice [prǽktis] 名 開業、開業場所、診療所	❌「実行、実践、練習、習慣」など多義語だが、開業や、開業場所そのものを表すことがある 動「練習する、実施する」
pitfall [pítfɔ̀:l] 名 落とし穴、潜在的な危険	❌物理的な「落とし穴」の意味もあるが、比喩的に使われることが多い
sparkle [spá:rkl] 動 きらめく、輝く	名「きらめき、輝き、活気」 形 sparkling「きらめく、キラキラ光る、発泡性の」
confide [kənfáid] 動 ~を打ち明ける、委託する	類 reveal, disclose 名 confidence「信用、信頼、自信、秘密」
excavator [ékskəvèitər] 名 掘削機	❌mining machine は採炭に使う掘削機械の一種 動 excavate「~を掘削する」
subjective [səbdʒéktiv] 形 主観的な、独自の	❌Part 5の誤答選択肢の常連 反 objective「客観的な」

921	全くの初心者 a complete n-------
922	新人のための研修セミナー training seminars for r-------s
923	天然資源を活用する u------- natural resources
924	ガソリン価格の急騰に苦しむ suffer a s------- in gas prices
925	独自の文化 u------- culture
926	可燃性の物質 combustible s-------s
927	否定できない証拠 u------- evidence
928	不使用状態に陥る fall into d-------
929	観客から拍手が沸き起こった。 The audience e-------ed into applause.
930	極めて重要な偉業 a m------- achievement

novice [návis | nóv-] 名 初心者、未熟者	😅 TOEIC界はやたらと職業経験を求められる厳しい世界なので初心者には辛い 類 beginner, apprentice
recruit [rikrú:t] 名 新人、新入社員	動「〜を採用する」も大事 ●recruiter は採用担当者で採用する側
utilize [jú:təlàiz] 動 〜を活用する、利用する	名 utilization「活用、利用」 形 utilizable「活用できる、利用できる」 類 use, make use of
surge [sə́:rdʒ] 名 急騰、急上昇	例 a surge in popularity「人気の急上昇」 動「急騰する、急上昇する」
unique [ju:ní:k] 形 独自の、異色の、優れた	●日本語のユニークは「一風、変わった」というイメージだが、実は多義語 副 uniquely「独自に、比類ないほど」
substance [sʌ́bstəns] 名 物質、実質、要旨、重要性	例 the substance of the city's proposal「市の提案の要旨」 discuss problems of substance「重要な問題を話し合う」
undeniable [ʌ̀ndináiəbl] 形 否定できない、明白な	●It is undeniable that SV「SがVすることは否定できない」の形もある 反 deniable「否定できる」
disuse [disjú:s] 名 不使用（状態）、廃止	動「〜を使わなくなる」 形 disused「使われなくなった」 例 a disused factory「使われなくなった工場」
erupt [irʌ́pt] 動 沸き起こる、勃発する	●「噴火する、爆発する」が元々の意味 名 eruption「爆発、噴出、噴火、勃発」
monumental [mànjuméntl | mòn-] 形 極めて重要な、途轍もない、不朽の	名 monument「記念碑」 副 monumentally「途轍もなく」 例 a monumentally difficult task「途轍もなく難しい仕事」

| 931 | 他者から刺激される |
| | be i-------d by other people |

| 932 | 輸入課徴金を課す |
| | impose an import s------- |

| 933 | 情報の正確性を確認する |
| | v------- the accuracy of information |

| 934 | 差し迫った脅威 |
| | an imminent t------- |

| 935 | 予測できない結果をもたらす |
| | yield u------- results |

| 936 | 階段を下りる |
| | d------- a staircase |

| 937 | 青年心理学を学ぶ |
| | study adolescent p------- |

| 938 | 絶え間ない努力をする |
| | make c------- efforts |

| 939 | 自動的に冷凍庫の霜取りをする |
| | d------- a freezer automatically |

| 940 | 付随して起こる出来事 |
| | i------- affairs |

inspire [inspáiər] 動 ～を刺激する、動機付けをする	⊗inspire 人 to do「人に～する気を起こさせる」も重要 名 inspiration「刺激、ひらめき」 形 inspiring「鼓舞する、元気づける」
surcharge 名 [sə́:rtʃɑ̀:rdʒ] 動 [sə:rtʃɑ́:rdʒ] 名 課徴金、追加料金	例 fuel surcharge「燃油サーチャージ (追加料金)」 動「～に追加料金を課す」
verify [vérəfài] 動 ～を確認する、検証する	⊗verify that SV「SがVすることを確認する」の形も頻出する 名 verification「立証、実証、確約」 形 verifiable「立証できる、証明できる」
threat [θrét] 名 脅威、脅かすもの	動 threaten「～を脅す、脅かす、～の恐れがある」 形 threatened「絶滅の危機に瀕した」
unpredictable [ʌ̀npridíktəbl] 形 予測できない、不測の	類 unforeseeable 副 unpredictably「予測できずに」
descend [disénd] 動 ～を下りる、降りる	形 descending「下に向かっていく、降順の」 例 in descending order of importance「重要度の高い順に」
psychology [saikálədʒi	-kɔ́l-] 名 心理学	⊗philosophy「哲学」 archaeology「考古学」 ergonomics「人間工学」などもたまに出るので覚えておきたい
ceaseless [síːslis] 形 絶え間ない、不断の	副 ceaselessly「絶え間なく」 名 動 cease「終止、中断」「～をやめる、中止する」
defrost [difrɔ́ːst	diːfrɔ́st] 動 ～の霜取りをする、解凍する	例 defrost frozen food「冷凍食品を解凍する」 ⊗冷蔵庫の機能を説明する単語として出題例がある
incidental [ìnsədéntl] 形 付随して起こる、偶然の	副 incidentally「偶然、ちなみに、ところで」 名 incident「出来事、事件、付随物」

941	多くの地元の芸術家を特集する f-------- **many local artists**
942	全体の生産高を増加させる **boost overall** o--------
943	人員削減 **staff** r-------s
944	貴重な人材を保持する r-------- **valuable employees**
945	機知に富んだ言葉 w-------- **remarks**
946	糖尿病治療を専門とする **specialize in** d-------- **care**
947	比類なき品質を誇る **boast** u-------- **quality**
948	主要なポイントを要約する e-------- **the main points**
949	経済の連携を強化する **strengthen economic** l-------s
950	慣習にとらわれない芸術家 **an** u-------- **artist**

feature	
[fíːtʃər]	名「特徴、特性、要点、顔立ち、容貌、外観、呼び物、特集記事」
動 〜を特集する、目玉にする	◎動詞も名詞も超頻出!

output	
[áutpùt]	動「〜を産出する」 類 production, yield
名 生産(高)、出力	

reduction	
[ridʌ́kʃən]	動 reduce「〜を減らす、縮小する」 例 reduce air pollution「大気汚染を減らす」
名 削減、減少	

retain	
[ritéin]	類 keep, have ◎hold on to〜「〜を離さない、保持する」も retain の言い換えとして出ている
動 〜を保持する、保つ	

witty	
[wíti]	◎人にもつく 例 a witty author「機知に富んだ作家」 名 wit「機知、ウィット、知力、機知に富んだ人」
形 機知に富んだ、気の利いた	

diabetes	
[dàiəbíːtis, -tiːz]	◎広く病気を表す語は、sickness, illness, disease, disorder など
名 糖尿病	

unrivaled	
[ʌnráivəld]	◎「un」+「rivaled」=「ライバルがいないほど」→「比類なき」 類 unparalleled, unequaled, unmatched
形 比類なき、無敵の	

encapsulate	
[inkǽpsjulèit]	類 summarize, abridge, digest, abbreviate, sum up ◎「カプセルに包む」という意味もある
動 〜を要約する	

linkage	
[líŋkidʒ]	例 research the linkage between proper sleep and good health「適度な睡眠と健康の関連性を研究する」
名 連携、関連性、結合	

unconventional	
[ʌ̀nkənvénʃənl]	例 an unconventional approach「型破りな手法」 副 unconventionally「型にはまらず、自由に」
形 慣習にとらわれない、型破りの	

951
間違えてファイルを削除する
d-------- a file by mistake

952
貿易に関する制限を緩和する
ease r-------s on trade

953
感謝のしるしとして
as a t------- of appreciation

954
粘り強い抵抗に遭う
encounter tenacious r-------

955
職業上の教育訓練を提供する
offer v------- education training

956
道徳教育の質を高める
e-------- ethical education

957
ほとんど無名の上院議員
a virtually unknown s-------

958
芝刈り機を巧みに操作する
m-------- a lawnmower

959
自然なままの山の景色
p-------- mountain scenery

960
思いもよらない一致
an u------- coincidence

delete [dilí:t] 動 ～を削除する	😊 PCのキーボードにある「delete key」を思い出そう。あれは「削除キー」だ
restriction [ristrík∫ən] 名 制限、制約	動 restrict「～を制限する」 例 restrict excessive competition「過度な競争を制限する」
token [tóukən] 名 しるし、証拠	😊 TOEIC界では、表彰スピーチの後、記念の盾か何かを贈られることになる
resistance [rizístəns] 名 抵抗、抵抗力、耐久力	形 resistant「抵抗力のある、耐久力のある」 例 be resistant to corrosion「腐食に耐性がある」
vocational [voukéi∫ənl] 形 職業上の、職業的な	名 vocation「職業、適性、使命感」 例 choose the right vocation「相応しい職業を選ぶ」
enrich [inrít∫] 動 ～の質を高める、強化する	🗨 「(人や土地などを) 豊かにする」という意味も 例 enrich many people「多くの人を豊かにする」 名 enrichment「豊かにすること」
senator [sénətər] 名 上院議員	🗨 大文字で「Senator」と表記されることも多い 😊 TOEIC界にも政治家の呼称は稀に登場するので覚えておきたい
maneuver [mənú:vər] 動 ～を巧みに操作する、操る	名 「操作、策略」 形 maneuverable「操作しやすい」 類 manipulate, operate, steer
pristine [prísti:n] 形 自然のままの、純粋な、初期の	🗨 元のままの自然の状態で人間の手が加えられていないとか、商品などが手つかずの新品同様などのイメージの言葉
unthinkable [ʌnθíŋkəbl] 形 思いもよらない、考えられない	🗨 It is unthinkable to do「～するとは考えられない」やIt is unthinkable that SV「SがVするとは考えられない」の形もとる

213

961
簡単な説明会を開催する
hold a b--------

962
絶えず変化する環境
c-------- changing circumstances

963
社会の礼儀作法に従う
follow social e--------

964
避けられない衝突を引き起こす
lead to an inevitable c--------

965
合唱団に加入する
join an e--------

966
不快なやり方で
in an o-------- manner

967
他のグループより優位に立つ
gain s-------- over the other parties

968
苦情を申し立てる
file a g--------

969
重大な岐路に差し掛かる
reach a crucial j--------

970
需要が供給を上回り続けている。
Demand has continued to o-------- supply.

briefing [brí:fiŋ] 名 簡単な説明(会)	◈「ブリーフィング」という日本語として定着している 動 brief「〜に要点を話す」 brief 人 on 〜「人に〜について要点を話す」
continually [kəntínjuəli] 副 絶えず、継続的に	類 constantly, continuously 反 intermittently「断続的に」
etiquette [étikit] 名 礼儀作法、マナー	◈「エチケット」で日本語としても定着している。フランスからの外来語
collision [kəlíʒən] 名 衝突、不一致	例 a collision of views「見解の不一致」 動 collide「衝突する、ぶつかる」
ensemble [ɑ:nsá:mbl | -sɔ́mbl] 名 合唱団、合唱曲	◈フランス語の ensemble は「共に」という意味。「アンサンブル」という日本語として定着している
offensive [əfénsiv] 形 不快な、攻撃的な	名「攻撃」 動 offend「〜を攻撃する、不快にさせる」 反 defensive「防御的な」
superiority [supiəriɔ́:rəti, sə- | sju:piəriɔ́r-] 名 優位、優勢	形 superior「上位の、優れた」 例 be superior to competitors「競争相手より優れている」
grievance [grí:vəns] 名 苦情、不満	😊 TOEIC界では、新しい建造物が作られたり、リニューアル工事が行われると、近隣の住民から騒音に関する苦情が出る
juncture [dʒʌ́ŋktʃər, -fər] 名 岐路、重大な時期、連結	関 junction「合流点、連結、結合」 例 at the junction of two roads「2つの道路の合流点」
outstrip [àutstríp] 動 〜を上回る、より勝る	例 outstrip the competitors in popularity「人気で競争相手より勝る」 類 surpass, exceed, top, be superior to

215

971 鳥の群れ

a f------- of birds

972 複数の言語を通訳する

i-------- multiple languages

973 出版日を定める

set the date for p--------

974 異国情緒のある村

a village with an e------- atmosphere

975 優れた言語学者

an excellent l--------

976 理事会

the board of t-------s

977 しおれた花

w--------ed flowers

978 ほとんど独創性を必要としない

demand little i-------

979 改良を加える

add r-------s

980 魅力的な申し出を断る

turn down a t------- offer

flock [flák | flɔ́k] 名 群れ、一団	動「群がる、こぞって参入する」 例 flock into a new market「こぞって新市場に参入する」
interpret [intə́:rprit] 動 〜を通訳する、解釈する	名 interpretation「通訳、解釈」 関 interpreter「通訳者」
publication [pʌ̀bləkéiʃən] 名 出版、公表、公開	◈「刊行物」の意味もある 例 a celebratory publication「記念刊行物」
exotic [igzátik | -zɔ́t-] 形 異国情緒ある、珍しい、外来の	◈旅行会社のツアーの宣伝文句としてよく出る 例 exotic animals「珍しい動物」 exotic plants「外来の植物」
linguist [líŋgwist] 名 言語学者	関 linguistics「言語学」 linguistic「言語学の」
trustee [trʌstí:] 名 理事、役員、管財人	例 a trustee in bankruptcy「破産管財人」 ◈後ろに「-ee」がつくと人になる単語が多い。attendee「出席者」 employee「従業員」など
wilt [wilt] 動 しおれる	◈Part 7で部屋の中で植物を育てる話に出てきた単語 反 thrive, flourish「繁茂する、繁栄する」
ingenuity [indʒənjú:əti | -njú:-] 名 独創性、創造力	◈後ろにくる前置詞は in が相性が良い 例 display ingenuity in doing「〜することに創造力を示す」
refinement [rifáinmənt] 名 改良、改善、洗練	動 refine「〜を磨く、洗練する」 形 refined「洗練された」
tempting [témptiŋ] 形 魅力的な、心が動く	動 tempt「〜を誘惑する、誘う」 名 temptation「誘惑、衝動」 The Temptationsは、米国の人気ソウルグループ

217

981
インターネット接続を設定する
configure an Internet c--------

982
代替戦略を考案する
devise an alternative s--------

983
業界での知名度を得る
gain v-------- in the industry

984
事務処理を誤る
m-------- paperwork

985
通路を塞ぐ
o-------- a walkway

986
支持者が反対者に数で上回った。
Advocates o--------ed opponents.

987
有害な汚染物質を検査する
examine harmful p--------s

988
先進的なデザイン
a f-------- design

989
奇抜な壁画に興味をそそられる
be i--------d by the eccentric mural

990
めったにない休暇を楽しむ
r-------- a rare vacation

connection [kənékʃən] 名 接続、通信、関係	例 create personal connections「個人的な関係を構築する」
strategy [strǽtədʒi] 名 戦略、方策	形 strategic「戦略的な」 副 strategically「戦略的に」 例 be strategically situated「戦略的に配置されている」
visibility [vìzəbíləti] 名 知名度、視認性、視界	例 improve visibility「視認性を改善する」 形 visible「目に見える、目立つ、よく知られている」
mishandle [mishǽndl] 動 ～の処理を誤る	😊「虐待する、手荒く扱う」という意味もあるが、TOEICには出ない 名 mishandling「取扱い誤り、操作ミス」
obstruct [əbstrʌ́kt] 動 ～を塞ぐ、妨げる	例 obstruct a bill「法案を妨げる」 名 obstruction「妨げること、障害」
outnumber [àutnʌ́mbər] 動 ～に数で上回る	✖A outnumber Bは、あくまでも数でAがBを上回るということであって、AがBより優秀という意味ではない
pollutant [pəlúːtənt] 名 汚染物質	✖具体的な汚染物質であって可算名詞。pollution「汚染」は不可算名詞 類 contaminant
futuristic [fjùːtʃərístik] 形 先進的な、革新的な	✖future「未来」を感じさせる、一歩先を進んだイメージの形容詞
intrigue [íntriːg] 動 ～の興味をそそる	✖「be intrigued with モノ」「be intrigued by ヒト」の受動態で使われることが多い 形 intriguing「興味をそそる、面白い」
relish [réliʃ] 動 ～を楽しむ、味わう、享受する	✖enjoy に近い意味で、後ろに動名詞をとる用法も同じ。relish doing＝enjoy doing

991

ビルの管理人
a building c--------

992

研究結果を記録する
d-------- findings from a study

993

ドラマチックな出来事
a dramatic e--------

994

説得力のある批評
a convincing c--------

995

厚手のカーテン
heavy d--------

996

印税の支払い
a r-------- payment

997

居住用としてその地域を区分する
z-------- the area as residential

998

プロジェクトを推進する
p-------- a project forward

999

前例がないほど急上昇する
s-------- unprecedentedly

1000

失われた熱意を取り戻す
regain the lost z--------

custodian [kʌstóudiən] 名 管理人、守衛	類 janitor 関 custody「保管、管理、保護、養育権、拘留」
document 動 [dákjumènt|dók-] 名 [dákjumənt|dók-] 動 ～を記録する、実証する	名「文書、書類」 関 documentation「証拠書類の使用・提示、文書化」
episode [épəsòud] 名 出来事、挿話	😄 連続ドラマなどの「放映1回分」の意味もある 例 the last episode of the drama「ドラマの最終回」
critique [kritíːk] 名 批評、批判	動「～を批評する、批判する」 関 critic「批評家、評論家」
drapery [dréipəri] 名 カーテン、衣類、服飾生地	類 curtain 😄 TOEIC界のカーテンの注文は大抵、数が合わないか、色が違うか、サイズが違う
royalty [rɔ́iəlti] 名 印税、使用料	※「王族、皇族」の意味も。 loyalty「忠義、忠実、忠誠心」と混同しないこと
zone [zóun] 動 ～を区分する、区画する	名「地域、地区、地帯」 関 zoning「区域分け」
propel [prəpél] 動 ～を推進する、駆り立てる	※プロペラの推進していくイメージで覚えやすい 名 propeller「プロペラ、推進器、スクリュー」
spike [spáik] 動 急上昇する、急増する	名「急上昇、急増」 例 a spike in popularity「人気の急上昇」
zest [zést] 名 熱意、強い興味、意欲	😄 熱意こそが人を目標に近づけるのだ！暗黒の世界に心折れることなくたどり着いたゴール！ おめでとう！

　本書を最終ページまでお読みいただきまして誠に有難う
ございます。前作の『TOEIC® L&R TEST 上級単語特急
黒のフレーズ』の感謝と併せまして、改めまして御礼申し上
げます。本書と前作はまさに双子のような関係で、2つで1
つだと思っております。

　この度、TOEIC® L&R TEST に特化した上級者向けの単
語集を作成するという、身に余る光栄な機会に恵まれ、執
筆に取り掛かったわけですが、書き進めるにつれ、自身の力
不足、経験不足も感じるようにもなってまいりました。しか
し、どうあっても、TOEIC 学習者の役に立つ単語本を書き
たい。

　そこで私がお力をお借りしようと頼ったのが、TOEIC
L&R TEST 特化型スクール 花田塾塾長の花田徹也先生で
した。花田先生は大ベストセラーである「1駅1題 TOEIC®
L&R TEST 文法特急」の著者としてあまりにも有名です
が、その溢れんばかりの知見と経験、加えて身体中から漲る
情熱で、英語界を牽引されています。

　私が花田先生とお近づきになれたきっかけは、東日本大震
災の復興支援を行う「花田塾チャリティセミナー」でした。
先生は、2011年の震災が発生した年から既に復興支援の考
えをお持ちで、あの凄惨な大災害の記憶を決して風化させて
はならないという理念の下、毎年、欠かすことなくチャリ
ティセミナーを開催されてきました。

　昨年はコロナ禍のため、参加者が一堂に会してのイベント
は開催できませんでしたが、SNSを活用した復興支援に切り
替えて、活動を継続されています。微力ながら私も震災の翌

年から参加し、そのお手伝いをさせていただいております。

　本年は東日本大震災発生から10年を迎える節目の年です。そんな大切な年に、花田先生の多大なるご協力を賜り、本書出版まで漕ぎつけることができました。いくら感謝しても感謝しきれるものではありません。

　本書は花田先生のご協力なしには到底、世に出すことはできませんでした。末筆になり、大変恐縮ではございますが、広いお心でご支援いただきました花田先生に、改めて感謝と御礼を申し上げます。

藤枝 暁生

🚌 Index

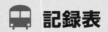

記録表

ご自分のルールで自由に使ってください。

		回目		回目		回目		回目
Round 1	/	A	/	A	/	A	/	A
	/	B	/	B	/	B	/	B
	/	C	/	C	/	C	/	C
		S		S		S		S
Round 2	/	A	/	A	/	A	/	A
	/	B	/	B	/	B	/	B
	/	C	/	C	/	C	/	C
		S		S		S		S
Round 3	/	A	/	A	/	A	/	A
	/	B	/	B	/	B	/	B
	/	C	/	C	/	C	/	C
		S		S		S		S
Round 4	/	A	/	A	/	A	/	A
	/	B	/	B	/	B	/	B
	/	C	/	C	/	C	/	C
		S		S		S		S
Round 5	/	A	/	A	/	A	/	A
	/	B	/	B	/	B	/	B
	/	C	/	C	/	C	/	C
		S		S		S		S

学習の記録は、ときに自分を励ましてくれます!!

	回目		回目		回目		回目		回目
/	A	/	A	/	A	/	A	/	A
/	B	/	B	/	B	/	B	/	B
/	C	/	C	/	C	/	C	/	C
	S		S		S		S		S
/	A	/	A	/	A	/	A	/	A
/	B	/	B	/	B	/	B	/	B
/	C	/	C	/	C	/	C	/	C
	S		S		S		S		S
/	A	/	A	/	A	/	A	/	A
/	B	/	B	/	B	/	B	/	B
/	C	/	C	/	C	/	C	/	C
	S		S		S		S		S
/	A	/	A	/	A	/	A	/	A
/	B	/	B	/	B	/	B	/	B
/	C	/	C	/	C	/	C	/	C
	S		S		S		S		S
/	A	/	A	/	A	/	A	/	A
/	B	/	B	/	B	/	B	/	B
/	C	/	C	/	C	/	C	/	C
	S		S		S		S		S

著者紹介

藤枝 暁生 (ふじえだ・あきお)

1963年東京都生まれ。1986年中央大学法学部法律学科卒。大学卒業と同時に損害保険会社に入社、現在は、SOMPOリスクマネジメントに勤務しており、企業向けのコンサルタントとして、主に自然災害のリスクアセスメントを担当。TOEIC® L&Rテストは、2007年3月から（コロナ抽選時以外）100回以上の連続受験を継続中。2014年4月、独学で990点満点を取得。以後、数々の学習会を主催し、講師としてTOEICの学習指導を続けている。著書に『TOEIC® L&R テスト 860点奪取の方法』（旺文社）『TOEIC® L&R TEST 上級単語特急 黒のフレーズ』『サラリーマン居酒屋放浪記』『サラリーマンのごちそう帖』（小社）。

TOEIC® L&R TEST 超上級単語特急
暗黒のフレーズ

2021年 4月30日	第1刷発行
2024年 5月10日	第4刷発行

著 者	藤枝 暁生
発行者	宇都宮 健太朗
装 丁	川原田 良一
本文デザイン	コントヨコ
似顔絵イラスト	cawa-j ☆ かわじ
印刷所	大日本印刷株式会社
発行所	朝日新聞出版

〒104-8011　東京都中央区築地 5-3-2
電話 03-5541-8814（編集）　03-5540-7793（販売）
© 2021 Akio Fujieda
Published in Japan by Asahi Shimbun Publications Inc.
ISBN 978-4-02-331931-8